Cheia de graça

UMA JORNADA DE HUMOR, AMOR E CURA

HELOISA PÉRISSÉ

Cheia de graça

UMA JORNADA DE HUMOR, AMOR E CURA

COM ISA PESSOA

1ª edição

Rio de Janeiro | 2024

CIP-BRASIL. CATALOGAÇÃO NA PUBLICAÇÃO
SINDICATO NACIONAL DOS EDITORES DE LIVROS, RJ

P525c Périssé, Heloisa, 1966-
　　　　Cheia de graça : uma jornada de humor, amor e cura / Heloisa Périssé com Isa Pessoa. - 1. ed. - Rio de Janeiro : BestSeller, 2024.

　　　　ISBN 978-65-5712-439-0

　　　　1. Périssé, Heloisa, 1966-. 2. Atrizes - Brasil - Biografia. I. Pessoa, Isa. II. Título.

24-93344
　　　　CDD: 791.45092
　　　　CDU: 929:7.071.2

Meri Gleice Rodrigues de Souza - Bibliotecária - CRB-7/6439

Copyright © Heloisa Périssé e Isa Pessoa, 2024

Esta edição teve apoio da Oncoclínicas.

Capa: Estúdio Insólito
Foto: André Wanderley
Styling: Manu Carvalho
Maquiagem: Ewertton Alves

Todos os direitos reservados. Proibida a reprodução, armazenamento ou transmissão de partes deste livro, através de quaisquer meios, sem prévia autorização por escrito.

Texto revisado segundo o Acordo Ortográfico da Língua Portuguesa de 1990.

Direitos exclusivos desta edição reservados pela
EDITORA BEST SELLER LTDA.
Rua Argentina, 171 – Rio de Janeiro, RJ – 20921-380 – Tel.: (21) 2585-2000.

Impresso no Brasil

ISBN 978-65-5712-439-0

Seja um leitor preferencial Record.
Cadastre-se no site www.record.com.br
e receba informações sobre nossos
lançamentos e nossas promoções.

Atendimento e venda direta ao leitor:
sac@record.com.br

Para todas as pessoas que ainda não se permitiram
conectar com a fé, clique nesse programa
e o instale: ele está dentro de nós.

"Não andeis, pois, inquietos, dizendo:
que comeremos, o que beberemos,
ou com o que nos vestiremos?
Porque todas essas coisas os gentios procuram.
Decerto vosso Pai celestial bem sabe
que necessitais de todas essas coisas,
mas buscai primeiro o reino de Deus,
e a sua justiça, e todas essas coisas
vos serão acrescentadas."

Mateus 6:31-33

SUMÁRIO

Maná dos deuses	11
Entra no fluxo	17
Desejo e sina	27
Por tudo dai graças	39
Fala, maluquinha	53
O ano do esmagamento do ego	65
Pequenas epifanias	77
Meus amores	89
Atrás da moita	107
Chico	119
Universo paralelo	127
No quarto de criação de Deus	131
2001, uma odisseia no espaço	139
Saltos quânticos	147
O monte da provisão	155
Vivendo o paradoxo	179
Agradecimentos	191

MANÁ DOS DEUSES

Vejo Deus em todos os lugares, e tratei de encontrá-lo assim que entrei no hospital e me dirigi ao andar onde o painel indicava ONCOLOGIA.

Foi um choque. Aqui é o começo de uma jornada, mas não significa que vai ser meu fim, pensei. Melhor deixar isso bem claro. E concluí: este é um mundo muito diferente daquele em que vivo, um lugar que agora, por algum motivo, Ele quer que eu visite. Deus nunca me deixou na zona de conforto, mas como também estava segura de que Ele não ia me abandonar, tranquilizei meu coração e segui.

Meu mundo sempre foi movido pela brincadeira. Imagina trabalhar com pessoas que ganham a vida fazendo o outro rir? É uma piada atrás da outra, pode até ser irritante. Chega uma hora em que alguém tem que dizer: "Fala sério, porra!" Nossa vida é lúdica, colorida, a minha vida é palhaça. Vivo de mãos dadas com a minha criança, tenho a melhor profissão que pode existir. Posso ser, ao mesmo tempo, uma freira e uma puta; um dia estar em Paris, no outro, no Egito. Mas naquele lugar onde Deus me colocou não havia brincadeira.

Um mês antes de começar o tratamento, eu já tinha passado por mais de nove horas de cirurgia, com a extração de trinta linfonodos, quatro deles comprometidos e um que já teria ido para a corrente sanguínea, todos advindos de um carcinoma metastático de glândula salivar.

Lembrei de uma conversa com a Ana Maria Braga, quando ela me disse: "Agora você só tem que alimentar e cuidar dos seus soldadinhos." Tratei de fazer tudo muito bem, alimentar e cuidar bem deles, mas no meu coração não senti vontade de encarar aquele momento como uma guerra a ser vencida. Na verdade, eu nem sequer quis considerar um outro lado, só pensava no meu corpo forte... Não queria alimentar a ideia do combate, nem imaginar, e assim fortalecer, uma força oposta. Não queria ir *contra* nada, só apurar os meus ouvidos para ver o que a grande vida estaria me dizendo.

Mesmo com o foco nas coisas que me faziam bem, preciso admitir, dei uma boa descompensada na segunda semana do tratamento. Teve um dia em que saí do sério (ou entrei nele?). "Eu quero a minha vida de volta, quero minha vida de volta", gritava para as amigas que me acompanhavam. Mas logo voltei ao prumo, fazer o quê? Não tinha escolha. Há uma hora na vida em que a gente não tem escolha, a única opção é seguir, não podia voltar todas aquelas casas que eu já tinha andado se resolvesse parar ali. Então eu fui.

É quando se percebe que o melhor pode acontecer. Uma força sobrenatural surge quando se tem essa virada de chave. A partir dessa decisão, podemos apostar que vem coisa boa pela frente. Que, no estalo, na entrega da provação, a provisão aparece.

Disse a mim mesma: não resisto a mais nada. Logo me veio à mente um versículo que está no Evangelho de Mateus: "Eu, porém, vos digo que não resistais ao mal." Estava autorizada a dançar conforme a música. Não iria resistir ao mal, seguiria à risca meu coração.

Naquela tarde fui de pijama para o hospital. Descabelada. É assim que eu estou por dentro, vão me ver assim por fora. E fui, como se estivesse vestindo Prada. Ao cumprimentar as pessoas, percebia que me olhavam achando aquele vestuário não muito apropriado. Paciência. Por dentro eu ria, e a certeza de estar sendo fiel a meus verdadeiros sentimentos, sem a preocupação de agradar ninguém, me dava uma gostosa sensação de liberdade, exatamente do que eu precisava. Isso me fez crer que estava no caminho certo.

E assim eu seguia: bom dia, oi, tudo bem? E aí? Sim, é pijama. Não, não vi fantasma, não, só não penteei o cabelo. Delícia. A sensação era de que eu andava livre na chuva. A montanha-russa continuava a subir e descer, mas ali eu já me conectava com a sensação boa do frio na barriga. Já tinha desmistificado o mecanismo, sobe e desce, uhuuuuuuu, e lá vou eu. Quando vi, estava rindo da minha inocente transgressão.

Em alguns minutos estaria sobre uma maca. Havia muita coisa para dizer, mas naquela hora experimentava a única coisa capaz de me calar, além de Deus: a máscara da radioterapia. Uma malha de plástico que deixa a pele toda marcadinha e mantém a cabeça imóvel, não há como conversar. O jeito era mergulhar nos pensamentos, acessar lugares que normalmente eu não conhecia, que normalmente não se conhece. Deitei-me mais uma vez.

O verdadeiro amor lança fora todo medo. Primeira epístola de João, o meu versículo preferido; foi nele que pensei quando ouvi a máquina sendo acionada. Em alguns segundos sabia que viria um barulho, fiiiiii, o aparelho da emissão radioativa mandaria a sua carga, como um disparo em direção à minha cabeça. Nada é à toa, Deus é bom! Por que Ele me colocou aqui? Existe um propósito maior para esses raios. Bem maior que apenas minha cura física.

Experimentei de novo a sensação de liberdade ao criar um objetivo satisfatório para aquele momento. Do aparelho vão sair raios curativos. Gosto deles. Quando disparam, meus soldadinhos descansam.

Dizem uns para os outros: hora da trégua. E sentam todos, como naquela foto da construção do Empire State. Os operários sentadinhos numa viga enorme de ferro, com seus sanduichinhos na mão. Achava fofo imaginá-los.

De repente achei engraçado imaginar que da máquina viriam os raios da princesa do He-Man, pelos poderes de Grayskull! Sim! E eu poderia pedir o que quisesse. "Peça", veio a ordem, a máquina ligou, ela fazia um barulho de encaixe, tipo cri, cri, cri. Eu sabia que na sequência viria o raio, tinha que pensar num desejo para o gênio da lâmpada realizar, precisava ser rápida, e o que veio na minha cabeça foi "raio da beleza" e fiiiii, foi disparado o raio! Quase escuto, ou talvez tenha escutado: "Pedi, e dar-se-vos-á."

Quando a gente está com medo, por dentro é árido, venta, faz frio — mas não cultivo esse lugar. Não fico olhando para o abismo, para a falta, não quero focar no que não tenho, o verdadeiro amor lança fora todo medo. E finalmente eu estava fora daquela cama.

Finda a sessão, já estou em pé quando o dr. Fernando Arruda entrou na sala. Conversando sobre o tratamento, percebi que ele me olhava um pouco intrigado, como se soubesse que era eu ali, mas por algum motivo lhe parecia diferente. Apenas comentou: "Posso te dizer uma coisa? A radioterapia está te fazendo muito bem, você está mais bonita."

Ele poderia ter dito qualquer coisa! Mais leve, mais corada, mais elegante, mas não, ele disse mais bonita! De pijama e descabelada, estar mais bonita? O que seria isso senão meu pedido realizado? Ri internamente. De onde estaria vindo aquela beleza se não fosse de algum lugar intangível? Vinha da paz. Da sensação de estar no centro de uma vontade além de mim. Sou amada. Me senti banhada por uma cachoeira de alegria.

Abri um sorriso, calcei as pantufas, pelos poderes de Grayskull. Era Deus me confirmando o que Ele quer que a gente faça: peça e será atendido.

A alegria é o cálice sagrado, o santo graal, maná dos deuses.

ENTRA NO FLUXO

Quando a gente precisava se mudar de cidade, e foram muitas as vezes na infância em função do trabalho de meu pai, aviador da Aeronáutica, tudo era encarado da forma mais simples e natural do mundo. Mamãe simplesmente comunicava: "Vamos ter que nos mudar!" Em um mês a gente se mudava, e pronto. Sem nostalgia. Sem ter consciência, fui vivendo vários ciclos de morte.

Passei a vida vendo as coisas terminarem para recomeçar: arrumar uma casa, desfazê-la e ver uma nova se reconstruir em outra cidade; entrar e sair de uma escola. Tantos fins e recomeços podem ser encarados como perdas, mas também como ganhos. Por que não seria possível fazer novos amigos e ao mesmo tempo manter os que já existiam? Juntar tudo. Foi pensando assim que me tornei uma pessoa agregadora. O amor se multiplica, mesmo quando se divide.

Acredito que a convivência constante com essa sensação do findar, e do recompor, acabou me fazendo perder o medo da morte — o que ajudou muito durante meu tratamento. Aprendi a não considerar o fim como definitivo, ter a certeza de que tudo recomeça e, o principal, desde cedo entendi: a vida é uma passagem. Não vamos ficar nos retendo ao que não interessa. Minha família nos transmitiu essa força — solar, inclusiva, grandiosa. Liberdade é fazer o que tem que ser feito.

Tudo era fácil, tudo tinha solução. Se aconteceu é porque tinha que acontecer. Na vida não tem parada para respiro. Há que se aprender a trocar o pneu do carro com ele andando. Vai acontecer. E o ser humano tem a capacidade de se adaptar e vencer. *Vambora*. Caiu, levanta, e levanta acreditando que vai dar certo. No fim, tudo dá certo, se não deu é porque ainda não chegou o fim. Clichê? Totalmente, mas na hora do sufoco cai como uma luva.

Mamãe foi criada pela bisavó, e nas férias elas sempre viajavam para Paquetá, uma ilha no Rio de Janeiro. Lá, passavam um mês ou mais na nossa chácara, a Chácara dos Coqueiros. E ela contava o que a bisa, que chamávamos de Bita, dizia quando alguém se machucava: "Molha no mar que passa." A frase virou uma tônica em nossa casa.

Não tinha espaço para o choro, não tinha tempo ruim. Chorar por quê? Não perca tempo chorando, tudo na vida era resolvível, nada para mamãe era um problema. *Molha no mar que passa.* Minha mãe não visualizava o ruim. Aprendi a não me sentir injustiçada, a não me sentir vítima.

Bem criança levei uma mordida da Cecília, a vira-lata que a família tinha adotado. Como minha família sempre foi "cachorreira", os cachorros lá em casa nunca foram simples animais, eles eram entidades. Eu tinha uns 7 anos, estava brincando de pique com minha irmã, corríamos pela casa e de repente pulávamos numa cama. Em um desses pulos caí em cima de Cecília, que me deu uma mordida feia no rosto, perto do olho direito. Negócio sério. Se fosse um pouquinho mais para a esquerda... teria acontecido uma tragédia.

Na hora começou a sangrar muito. Tapei o olho com a mão e saí correndo procurando minha mãe pela casa.

— Socorro, socorro, Cecília me mordeu!

Minha mãe estava de costas, arrumando alguma coisa, e quando se virou só viu a quantidade de sangue na minha blusa — e eu ali, apavorada, gritando, com a mão em cima do olho. Foi quando minha irmã disse tranquilamente:

— Ih, acho que comeu o olho.

Mamãe tirou a minha mão do rosto, mas, graças a Deus, o olho ainda estava ali.

Fomos para o hospital, e logo depois de examinar o médico avisou que precisaria levar ponto. Olhei para minha mãe: como assim, ponto? Vão costurar meu rosto? Usar agulha? Linha? Minha mãe respondeu que seria muito rápido, nem daria para sentir. Ela também sempre foi muito tranquila em relação às agulhas. Nunca nos transmitiu esse medo. Sua expressão não mudava quando precisávamos tomar alguma vacina. Não nos enganava, dizia: "Vai ser um picadinha de abelha." Mas picada de abelha dói pra caramba, a gente argumentava. E ela sugeria: "Respira fundo e pensa em outra coisa, leva sua cabeça para outro lugar." Foi assim que aprendi a me relacionar com injeções e agulhas: como picadinhas de abelha que passariam rapidamente.

Ela segurou minha mão e levei cinco pontos. No dia seguinte, casa normal. Quando as pessoas tomavam conhecimento da história, ficavam assustadas:

— Mas o que vocês fizeram, deram essa cachorra, né? Aquela monstra...

Imagina! Ninguém brigou com Cecília. Ela continuou circulando tranquilamente pela casa, dormindo em cima da cama, onde aliás não permitia que ficássemos. Se Cecília estivesse na cama e nós nos sentássemos, ela começava a rosnar. E tínhamos que nos levantar. Eu e Patrícia, minha irmã mais nova, ficávamos furiosas:

— Mamãe, a Cecília tá rosnando.

Mamãe só respondia:

— Não impliquem com ela.

A culpa ainda era nossa, é mole? Aos olhos do mundo aquilo era loucura, como manter em casa uma cachorra que morde seus filhos? Minha mãe dizia que o bicho não tem raciocínio, age no instinto, somos nós, seres humanos, que devemos prestar atenção. As pessoas argumentavam:

— Mas a cachorra quase arrancou o olho da sua filha!

Ainda consigo ouvi-la de volta:

— Sim, ela estava dormindo e Heloisa pulou em cima, a cachorra se assustou, qualquer um faria isso.

Cecília era uma filha peluda para eles. Se eu a tivesse mordido, acho que as consequências seriam mais sérias, mas como foi a cachorra que me mordeu, ficou por isso mesmo. Tá bem? Tá tudo certo? Então pronto.

"Molha no mar que passa." Como um mantra poderoso, essa frase me fez acreditar que nada seria tão complicado que eu não pudesse dar conta. E como tudo na vida tem dois lados, mesmo algo tão perturbador como um câncer pode trazer muita coisa boa. É uma notícia devastadora: depois de você receber esse diagnóstico, nada será como antes. É verdade. Mas a vida é um pêndulo. Tudo que vai de ruim para um lado, volta de melhor para o outro. Na mesma proporção. Acredite.

Na minha casa nunca foi cultivado
o sentimento de pena. Aprendi a não
ter pena de mim. Hoje vejo como isso
foi precioso, me fez acreditar que
temos uma força poderosa dentro
de nós para resolvermos tudo.
O tempo que eu perderia tendo pena,
uso para tomar uma atitude.
Pena é perda de tempo.

Percebo que as coisas fluem para o equilíbrio. Há um ditado chinês que diz assim: "Quando a felicidade está na sua cama, a tristeza está na sua mesa; quando a tristeza está na sua cama, a felicidade está na sua mesa." Ou seja: o importante é focar na felicidade, onde ela estiver. Porque se em tudo há sombra e luz, precisamos educar o nosso olhar.

Se você estiver passando por uma situação grave, complicada, o mais indicado pode ser mesmo se render, boiar na existência. Entrar no fluxo. Isso é treino, tá?

Somos um laboratório intenso de reações químicas, 24 horas por dia, há uma corrente de sangue circulando em nosso corpo de forma contínua, dentro de nós e à nossa revelia — e a gente não está no controle. A gente não fica dizendo para onde o sangue tem que correr, dando instrução para o rim ou o coração.

Existem milhões de coisas que estão acontecendo e que vão muito além do que estamos vendo. Se parássemos para pensar no universo e em quantas estrelas estão morrendo, quantos meteoros estão colidindo, quantos planetas estão sendo formados... Não temos a menor ideia de nada. Nem pensamos um segundo sobre isso. Vivemos alheios. Fazemos planos, compramos a prazo sem pensar que poderemos não estar mais aqui antes de acabar a última parcela.

O controle é a maior ilusão que temos, mas aparentemente precisamos dele para continuar vivendo.

"A candeia do corpo são os olhos;
de sorte que, se teus olhos forem
bons, todo o teu corpo terá luz;
se, porém, os teus olhos forem maus,
o teu corpo será tenebroso. Se a luz
que em ti há são trevas, quão
grandes serão tais trevas!"

Mateus 6:22-23

Saímos de casa de manhã — nós, nossos familiares, nossos amigos — e na verdade não temos a menor ideia se voltaremos. Organizamos tudo milimetricamente sem considerar que uma onda grande pode vir e acabar com tudo em um piscar de olhos. Se quisermos ser realmente felizes, a meu ver, só mesmo aprendendo a lidar com o imponderável.

Eu penso que a vida, o amor, a morte não obedecem a uma lógica cartesiana. Estamos todos à mesma distância da morte. Estamos todos aqui com nossas passagens de volta compradas. Faz mais sentido acreditar que somos seres espirituais, em uma experiência terrena, do que seres terrenos que vão ter uma experiência espiritual.

O que nos resta, portanto, se estamos diante do incontrolável? Fazer tudo que está a nosso alcance, e o resto deixar acontecer. Não há acaso, há o que tem que ser. A gente faz planos, mas a palavra final é de Deus. Eu diria assim, ousando dialogar com Einstein: Deus não joga dados com o universo, mas um belo xadrez.

Melhor se render. Soltar o freio de mão. Ao invés de se martirizar e se vitimizar, pensar que vai dar certo. Mas isso é impossível, você poderá afirmar. E eu respondo: não é. Faça sua escolha. Os caminhos à nossa frente parecem muitos, mas quando paramos para analisar, um a um, esses muitos se transformam em apenas dois: a vida ou a morte. Escolha a vida.

Claro que pensamos que pode dar errado, porque realmente pode, mas há que ser feito um exercício — a palavra é essa, exercício. Assim como exercitamos nosso corpo físico, podemos exercitar nosso corpo espiritual. E a melhor forma de fazer isso é educando nossos pensamentos: "Você não. Saia. Te expulso, mau pensamento. Vou pensar agora só nas coisas que eu amo, que me trazem alegria, que colorem minha vida. Você pode ir embora, já."

Sim, dê ordens aos seus pensamentos — você que manda neles, não eles em você. Siga sua intuição, sua luz. Alguém te aborrece? Corra dessa pessoa. Vire a cara mesmo. Não deixe adentrar seu terreno. Não aceite. Se você soltar o freio de mão, as coisas vão exatamente para onde elas têm que ir. E você pode fazer isso. Acredite. Acredite. Acredite. Veja bons filmes, leia bons livros, pense em situações engraçadas e ria o máximo que você conseguir. Ria muito. Assista a tudo que te faça rir. E repita quantas vezes for necessário.

Transformando a energia dentro de você, o mundo externo muda na hora. Deus é tão maravilhoso que, em vez de você ter o trabalhão de ter que mudar uma pessoa, outra pessoa, e mais outra, basta você se transformar que o entorno irá refletir isso. Educar o meu pensamento foi a melhor coisa que aprendi nesse período.

Tudo isso, a meu ver, é Deus na minha vida.

DESEJO E SINA

Gosto de pensar que a semente do encontro entre meus pais foi uma gargalhada. Até porque essa capacidade de rir, de achar graça em tudo, foi o que permeou o relacionamento deles e o clima em nossa casa.

Heloisa Helena, minha mãe, também costumava viajar nas férias para o Recife. Meu avô, o pai dela, era pernambucano. Ela amava ir para a cidade onde passava as tardes na praia tocando violão, sua maior paixão. Até hoje, aos 94 anos, diz sempre muito orgulhosa: sou violeira de praia.

Minha mãe estudou no Sion, um colégio de freiras super tradicional no Rio de Janeiro, e como filha de almirante teve uma educação formal conservadora, mas nunca foi uma mulher convencional. Desde criança já demonstrava dons artísticos, o que deixava as freiras apavoradas. Adorava cantar no colégio, embora não tivesse incentivo algum.

"As coisas nos parecem
absurdas ou más porque delas
só temos conhecimento parcial,
e somos completamente ignorantes
da ordem e da coerência da
natureza como um todo."

Baruch Spinoza (1632-1677),
filósofo holandês

Pelo contrário: tudo deveria andar nos trilhos determinados pela sociedade da época. Não pôde nem ser canhota. Escrevia com a direita, como as freiras quiseram, mas todo resto era feito com a mão esquerda, inclusive desenhar, o que adorava fazer. Além da música, mamãe tinha outra paixão: voar. Aos 18 anos, disse ao pai que gostaria de ser aeromoça e tomou uma bronca:

— Filha minha não trabalha.

Seria o que as mulheres de sua geração todas foram, mãe e dona de casa. Ela se convenceu de que era isso que queria, embora nutrisse a fantasia de cantar com uma piteira numa boate esfumaçada, como me confessou um dia. Imagina! O pior é que consigo visualizar minha mãe nesse cenário. Acredito que eu tenha me tornado atriz porque ela transmitiu esse dom, esse desejo, nos meus genes: não seguiu a profissão, mas alguém a vingaria. Esse alguém fui eu, a filha que inclusive levou seu nome. Dentro da minha mãe sempre morou uma libertária.

Já meu pai, descendente de italianos e franceses, sofreu penúria na infância. Algumas famílias imigrantes se firmaram em Santo Antônio de Pádua, cidade do noroeste fluminense, onde nasceu e foi criado. O pai era médico, e por filosofia não cobrava consulta de ninguém — assim ficou difícil sustentar os dez filhos, que durante anos viveram com recursos limitados. Papai sonhava com uma vida de abundância, de aventura, e muito jovem saiu da cidade, lépido e confiante em busca do futuro. Amava aviação. Deixou Pádua determinado a realizar seu sonho, ser aviador da Força Aérea Brasileira.

No verão de 1948, meu pai estava servindo no Recife. Um dos programas da época, além da praia, eram as matinês. Naquela tarde, os dois estavam no cinema, quando uma gargalhada estrondosa tomou conta da sala escura, fazendo todos rirem depois. Minha mãe perguntou à prima:

— De quem é essa gargalhada?

— Do tenente Périssé. Mas nem chegue perto, ele já é noivo.

Meses depois ele romperia o noivado e logo começou a namorar a elegante Heloisa Helena. O tenente César Périssé, que depois se tornaria o coronel Périssé, tinha grandes planos para a vida dele: queria ser ministro da Aeronáutica, presidente do Brasil. E não queria filhos.

Tiveram cinco. Paulo Marcelo, a quem eu chamaria de "pai novo", dezesseis anos mais velho, Cristina Helena, Maria Clarisse, eu e Patrícia, a Patu, que fomos as raspas do tacho, bem mais novas que os outros. Sempre penso: imagina se meu pai quisesse ter filhos.

Quando completei um mês de nascida, meu pai foi trabalhar nos Estados Unidos. Moramos no Texas durante um ano. Tinha 4 anos quando nos mudamos para Campo Grande, no Mato Grosso do Sul, depois Brasília, Rio novamente (na Vila Militar) e, quando cheguei aos 11 anos, minha família se mudou para Salvador, de onde nunca mais saímos.

Salvador é a cidade do meu coração. Foi o primeiro lugar onde eu consegui estudar dois anos consecutivos numa mesma escola e finalmente dizer "ano passado" — porque eu estava sempre em trânsito, nunca compartilhava com colegas de escola as memórias do "ano passado". Durante um bom tempo, isso foi um trauma para mim, o que só se resolveu quando fixamos residência. Paramos em uma cidade, mas, para não perder o hábito, continuamos nos mudando de casa com frequência.

Meus pais sempre foram muito apaixonados. Cuidavam com afeto e responsabilidade de nós, mas o fato de os dois viverem absolutamente conectados acabou por nos permitir muita liberdade. Sempre me senti assim livre, solta no espaço.

Mamãe era extremamente organizada, às raias da neurose. Não podíamos sair sem deixar os quartos impecáveis. Na nossa casa podia-se lamber o chão. E não adiantava querer esconder as coisas dela: tinha um radar, um anjo da guarda, que contava tudo para ela. No auge da minha adolescência — não fui fácil, reconheço e assumo —, gostava de irritá-la por causa dessa mania de limpeza. Dizia que a única coisa de que não poderiam falar mal era da casa. Se alguém comentasse: "Helô, seu marido é ladrão, seu filho não presta, suas filhas são horrorosas, mas sua casa é linda", ela perdoaria a pessoa. Ficava furiosa, mas continuava *psica* com arrumação, não tinha jeito, era mais forte que ela. Hoje pago a língua e sou igual! E agradeço muito por ela ter me ensinado a viver assim, a admirar a organização. Dizem que nos tornamos o que mais criticamos nos nossos pais — sou a prova viva dessa tese.

Já meu pai era brincalhão, alegre. Beijava as filhas o dia inteiro. A gente corria, ele vinha atrás, a gente gritava, "me solta", ele agarrava, sempre exagerado, nunca aquele abraço sério de um pai. Parecia um irmão que gostava de implicar com os mais novos. Minha mãe passava o dia pedindo, a cada grito que a gente dava:

— Périssé, larga essas meninas!

Meu pai era uma criança grande. Tinha um espírito infantil, paladar infantil. Para neutralizar memórias de escassez sentia necessidade de viver em fartura, geladeira lotada de picolé, oferta incessante de gostosuras, biscoito, bala. Nada podia ser pouco. Ir à feira era do que ele mais gostava. Comia tudo que ofereciam, fazia amizade com os vendedores das barracas e sempre voltava entupido de coisas. Tudo intenso. Tinha pressa, muita pressa de viver.

Quando entrava numa loja com a gente, era aquela angústia:

— Vocês têm cinco minutos para comprar o que quiserem!

Saíamos correndo, pegando tudo que estivesse pela frente, e só em casa conseguíamos ver o que havíamos comprado, o que servia, o que não cabia. Era uma loucura. Amávamos brincar de luta com ele, e claro que sempre ganhávamos. Papai fazia um verdadeiro teatro e a gente acreditava.

— Como vocês são fortes, meninas. Vocês são muito fortes.

Força foi o que precisamos acionar num verão bem distante daquela infância, em dezembro de 1983, quando já vivíamos em Salvador havia alguns anos. As férias tinham chegado para quem passara de ano, o que não era meu caso, claro, mas Patu, minha irmã, era ótima aluna e tinha passado com louvor. Como recompensa, viajou para a fazenda de amigos, enquanto eu fazia recuperação.

Depois de ser aprovada nos novos exames, fui para a ilha de Itaparica no final de semana, com o irmão do amigo com quem Patu viajara. Era dia 24 de dezembro, noite de Natal. Voltando para a ceia, resolvemos passar antes na casa dele. Assim que chegamos notamos um clima pesado. A família estava reunida, todos com um semblante grave, como se algo muito ruim tivesse acontecido. Foi quando a irmã dele me falou:

— O carro em que sua irmã estava voltando da fazenda sofreu um acidente, ela está no hospital.

Mal consegui dizer algo, sem entender direito. Não imaginava nem de longe a profundidade da situação. Um acidente, ok, lava no mar que passa? Mas não daquela vez. Fui para minha casa. Minhas irmãs que já eram casadas moravam fora, mas estavam de visita para o Natal e pareciam perturbadas. O que estava acontecendo, afinal? Quão grave tinha sido?

De repente minha mãe entrou pela porta da sala. Jamais esquecerei essa cena: eu estava de costas quando ela entrou, então me virei e a vi. Mas não a reconheci. Virei de novo e reparei que minha mãe estava com o cabelo branco. Em questão de horas, todos os fios embranqueceram! O que tinha acontecido com minha irmã? Transtornada, mamãe disse apenas:

— Vou arrumar as coisas, estamos indo para o Rio.

Patrícia ficara paraplégica.

Minha irmã mais nova, então com 14 anos, a grande companheira de infância, teria a partir dali a sua vida completamente transformada — e o nosso entorno nunca mais seria o mesmo.

Não desgrudávamos nunca. À medida que ela foi crescendo, minhas amigas se tornaram as dela. Fazíamos juntas os mesmos programas. Naquele ano, meus pais haviam viajado para a Europa e, sem alguém que nos levasse para a escola, em vez de contratarem um motorista, eles compraram um fusca para nós. Só que eu tinha 16 anos e Patu, 14. Aprendemos a dirigir na marra. Naquela época, na Bahia, como ainda é hoje em algumas cidades do interior do Brasil, era comum dirigir mesmo sem carteira. Vejo como meus pais transmitiram confiança para nós.

Sempre adoramos dirigir. Quando éramos pequenas, colocávamos duas almofadas no chão, um vidro de perfume grande no meio, dividindo os assentos e servindo de marcha — e assim seguíamos com nosso "carro" para todos os lugares. Inventávamos muitas brincadeiras. Jurema, Cara de Sapo, As Manas. A família Cara de Sapo era a nossa preferida. Eles eram de Marte. Apertávamos a boca, imitando o sapo Caco, dos *Muppets*. Patu era a mãe e eu interpretava todos os outros personagens. Por certo período nos afastamos um pouco, mas ao atingir a adolescência nos unimos para sempre.

Não sei realmente dizer o que senti quando recebi a notícia do acidente. Não registrei direito, ou não consegui registrar. Só sei que no dia seguinte, quando acordei, toda a família havia viajado e os móveis da casa estavam cobertos com lençóis, como uma casa abandonada.

A casa linda e maravilhosa onde eu morava tinha virado um mausoléu. Não tenho a menor mágoa dos meus pais. Eles não tinham cabeça para mais nada.

Só conseguiam pensar em Patu, e da noite para o dia fiquei órfã e sem minha BFF, ou *best friend forever*.

Mas não havia jeito, eu tive que seguir. A minha vida sempre se configurou assim: ela não transcorre em processos, mas de cambalhota em cambalhota. Quando as coisas mudam, é da noite para o dia. Hoje eu digo que minha vida acontece em saltos quânticos. Por isso não me impressiono muito com nada. Eu sei como é, hoje você tem, amanhã não, ou ao contrário. Tudo pode mudar a qualquer momento.

Quando quero algo que não tenho, uso sempre o "ainda". Qualquer coisa. Não tenho um avião — "ainda". E quando quero algo me comporto como se aquilo já tivesse se materializado na minha vida. Já vou sentindo a energia. No Evangelho de Marcos, capítulo 11, versículo 24, ele afirma: "Tudo quanto em oração pedirdes, tenhais fé que já o recebestes, e assim vos sucederá." Acredito que somos realmente dotados desse poder criador, mas nem sempre sabemos como acessá-lo. Tinha e ainda tenho muita fé que verei Patu andar de novo.

Em janeiro do ano seguinte, fui ao Rio e a visitei no hospital, encontrando-a pela primeira vez depois do acidente. Entrei no quarto, Patu estava deitada na cama, e assim que me viu, perguntou:

— Por que aconteceu comigo, e não com você?

Não entendi, não respondi, também não fiquei com raiva. Nunca me perguntei: por que ela e não eu?

Acho que nunca registrei esse ocorrido de forma drástica, definitiva. Parece estranho, mas é verdade. Talvez tenha sido a alternativa que encontrei para sobreviver. Ali, a positividade da minha família precisou ser posta toda em prática. E foi!

Só depois viria a saber o que o médico dissera à minha mãe no hospital em Salvador, naquela noite fatídica: "Faremos uma cirurgia para ver se ela consegue se sentar." Uma menina que dominava todos os seus movimentos... Mas Deus não quis assim. Meus pais nunca desistiram de ver Patu melhor. Buscaram todas as opções possíveis de tratamento.

Patu foi absolutamente extraordinária nas mais diversas etapas de sua recuperação. Nunca esmoreceu. Do Rio não voltaria para Salvador, moraria em São Paulo um tempo e depois viajaria para os Estados Unidos, onde vive até hoje. Casou-se com um americano, um marido maravilhoso, apaixonado por ela, e teve dois filhos lindos, de parto normal. Formou-se em Direito e tornou-se uma conceituada advogada de imigração em Miami. Trabalha todos os dias, escreveu um livro sobre sua história, faz ginástica, dirige, viaja sozinha. Seguiu à risca o pensamento que nos foi ensinado. Nunca se colocou no papel de vítima, orgulha-se da vida que construiu e diz, segura:

— Eu só não ando.

POR TUDO DAI GRAÇAS

Traga para sua mente o que lhe traz esperança. É o que a Bíblia diz, é disso que me alimento. Cito muito a Bíblia, é de fato meu livro de cabeceira. Nela encontro textos que vão direto ao meu coração e aprendo de uma forma diferente, como se aquelas palavras pudessem fazer parte de mim e se integrar perfeitamente ao meu vocabulário. Em Hebreus 4:12, há uma referência que traduz esse poder: "A Palavra de Deus é viva e eficaz, e mais cortante que qualquer espada de dois gumes, penetra até a divisão da alma e espírito, e das juntas e medulas, e pronta para discernir as disposições e pensamentos do coração."

"Por tudo dai graças" é uma das citações bíblicas que, para mim, melhor funciona como chave capaz de nos abrir portas na vida. Mas como por tudo daríamos graças se há coisas que, aparentemente, não temos por que agradecer? Procuro acalmar o coração com a certeza de que tudo tem dois lados, e o que se apresenta, mesmo que naquele momento não pareça, é o melhor. Sim, essa prática exige uma entrega muito grande, mas se você conseguir transformar essa serenidade em um hábito, começa a ver a luz no final do túnel.

Faz uma grande diferença quando conseguimos nos harmonizar com a situação que estamos passando, em vez de nos revoltar. Durante todo o meu tratamento procurei pensar: Deus é bom e, sendo Ele bom, não fará coisa alguma para eu apenas sofrer, então vou me esforçar para ver o invisível dessa situação.

Eu falo em Deus porque sou uma pessoa religiosa, mas sei que nem todos terão a mesma forma de enxergar a vida, ou talvez nem acreditem em nada. Mas, independentemente de qualquer crença, me parece impossível encarar a imensidão e os mistérios desse universo sem considerar que há algo maior e além de nós.

Há pouco tempo a ciência desconhecia o funcionamento do cérebro, e sem conseguir identificar o que seria a depressão, por exemplo, seus sintomas eram considerados frescura, manha, e a doença não era tratada. À medida que evoluímos na compreensão dos mecanismos da mente, e ainda existem muitos enigmas nesse campo do saber, avançamos muitas casas e alcançamos a cura para milhões de pessoas. Da mesma forma, a humanidade ainda não decifrou o lado espiritual da existência, mas acredito que esse dia não esteja tão longe.

Eu quero muito que as palavras deste livro atinjam o maior número de pessoas que ainda não instalaram no computador de suas mentes o aplicativo da fé.

"O campo de ação da fé começa onde as possibilidades cessam e onde a vista e a percepção falham", como afirmou o missionário inglês George Müller (1805-1898), evangelista que muito admiro. Aqui fica claro que a fé não é algo a ser atingido através da razão, pelo menos da forma como somos condicionados a entendê-la.

A fé é definida como a certeza das coisas que você não vê. Martin Luther King (1929-1968), outro religioso admirável, pastor batista e ativista americano, também tem uma frase que resume exemplarmente essa crença no invisível: "Suba o primeiro degrau com fé. Não é necessário que você veja toda a escada, apenas dê o primeiro passo."

Para mim faz sentido definir a fé como um músculo. Eu ousaria até dizer que se trata de um músculo do espírito. Assim como nosso bíceps crescerá se o exercitarmos todos os dias, nossa fé também vai aumentar se começarmos a mexer nessas águas. Será que vai funcionar? Não perca tempo com o que não está na sua alçada, faça o que você pode e o que tiver que ser, será.

Rompa com seus conceitos, preconceitos, imagine a vida diferente de tudo que entendeu até hoje. Certas situações não são esperadas, ninguém imagina enfrentar uma doença, um acidente, ou algo que tire a vida do eixo, mas pode acontecer, sabemos disso. Nesse momento, é muito importante acreditar que temos recursos, até porque não existe outro caminho. Há que se ponderar, raciocinar e ver as melhores alternativas. E contar com uma cabeça boa.

É muito importante se cuidar. Não só no físico, mas em todos os sentidos — mental e espiritual. Considerar que é importante se alimentar de boas coisas, acionar sua criança, permitir o lúdico, inventar histórias que você queira ouvir, criar a sua própria realidade.

No fundo do poço tem uma cama elástica. Acredito que todos já devam ter ido até esse lugar, talvez um dos mais visitados do mundo. O fundo do poço é lodoso, escuro, parece impossível nos livrarmos dele. No fundo do poço o segredo é se deixar cair: livrar-se do medo de perder, ligar o foda-se, entregar-se à vida que a gente ainda não conhece.

É quando passamos por uma situação-limite que aparece a chance de acionar o mecanismo da fé. Quando sou levada a lugares assim, apuro minha visão para enxergar o que não via antes. Alguns movimentos vêm para abrirmos espaços nunca dantes navegados. E justamente nessa expansão surgem oportunidades que não esperaríamos. A partir dali, a vida nunca mais será a mesma.

É emocionante perceber que tudo é tão maior do que sequer podemos imaginar, e assim compreendemos: a vida é olhar. Sabe aquela história da mãe que está bordando, e o filho olhando por debaixo do pano só consegue ver um emaranhado de linhas? E então quando ele pergunta o que ela está fazendo e a mãe responde que é uma flor, o menino não acredita, porque, pela sua perspectiva, o que ele vê em nada se parece com uma flor. Só quando a mãe mostra o bordado por cima é que o menino percebe que estava vendo pelo avesso.

Quando algo não sai como eu quero, peço logo para ver o lado certo do bordado. Porque só tenho capacidade de ver o momento, mas há que se enxergar a eternidade. E muitas vezes o que tinha sido ruim, vira bom. O que era azar, vira sorte, e vice-versa. Como a história do menino pobre que queria muito um cavalo. Ele não tinha dinheiro para comprar o animal e um dia o vizinho disse ao seu pai:

— Coitado do seu filho, ele queria tanto ter um cavalo, mas você não tem dinheiro para comprar, que azar!

Ao que o pai respondeu:

— Pode ser sorte, pode ser azar.

Um dia o menino encontrou um homem caído no chão, e rapidamente o ajudou, cuidou dele. O homem era muito rico, ficou grato e quis retribuir com o que ele mais desejasse, o garoto pediu: "Quero um cavalo." Mais uma vez vem o vizinho:

— Que bom, seu filho queria muito um cavalo, você não podia comprar, mas ele ajudou aquele homem, que realizou o desejo dele. Que sorte.

Quando o pai de novo comentou:

— Pode ser sorte, pode ser azar.

O menino não queria fazer mais nada, andava o dia inteiro a cavalo; um dia caiu e quebrou a bacia. Precisou ficar de cama por um ano. O vizinho veio de novo comentar o ocorrido, dizendo que aquilo tinha sido muito azar. O pai respondeu exatamente como das outras vezes. Pois bem: estourou uma guerra no país, todos os jovens foram convocados para lutar, mas ele não foi, pois estava de cama com a bacia quebrada.

O que em alguns momentos é uma sorte, pode na sequência ser azar: não levar as coisas como tão definitivas pode ser uma boa solução.

Nós fomos orientados a viver acreditando apenas naquilo que estamos vendo. Mas a ciência e a tecnologia avançam no sentido de provar que o Pequeno Príncipe, o herói do clássico de Saint-Exupéry, estava certo: o essencial é invisível aos olhos. Se poucos anos atrás alguém afirmasse que através de um pequeno aparelho sem fios poderíamos nos comunicar instantaneamente com uma pessoa do outro lado do planeta, quem iria acreditar? Pela epigenética, hoje em dia está provado que podemos alterar o nosso DNA.

Nós temos essa autonomia, a possibilidade de nos colocarmos em outros pontos de vista, e de fato criarmos nossa própria realidade. Na medida em que vamos cultivando essa perspectiva (porque é um

"Nenhuma pessoa muda até que ela mude sua energia. Quando você para de usar seu inimigo para reafirmar seu vício em ódio, quando para de usar seu melhor amigo para reafirmar seu vício em sofrimento, quando começa a olhar para dentro, sem se apoiar nas coisas externas que criam suas emoções negativas, você começa a mudar sua energia. Você constrói seu próprio campo eletromagnético. É como as coisas são. Ao mudar sua energia, você muda sua vida."

Joe Dispenza,
escritor e neurocientista americano

cultivar mesmo, é dar alimento à nossa mente), as coisas vão miraculosamente se transformando. Não ouvi falar a respeito — vivi essa situação —, então posso dizer de cadeira: funciona, se dê a chance.

Onde você coloca sua atenção é onde coloca sua energia e a capacidade de criar futuros mais positivos. Outra vez cito a Bíblia, que é clara quando diz: "Onde estiver o seu tesouro, aí estará também o seu coração." Chamo atenção para a palavra "tesouro", que é o lugar onde as riquezas ficam armazenadas. E onde ele estiver, ali estará o coração. É muito importante prestarmos atenção ao que estamos plantando nesse órgão precioso, o primeiro a ser formado no período embrionário e o último a parar de funcionar.

Minha vida se transformou de verdade no dia em que senti uma revelação no meu coração. Eu estava meditando e de repente me veio à mente a primeira epístola de João, capítulo 4, onde se diz que Deus é Amor. Na sequência fui levada ao livro de Gênesis, no capítulo 1: "O espírito de Deus se movia sobre a face das águas." Se Deus é amor e o espírito de Deus se movia sobre a face das águas, o que se movia era o amor. Então nós fomos feitos do amor. Nisso senti vontade de voltar à primeira epístola de João, no versículo que diz que Deus nos amou primeiro. Estava inspirada, concentrada, e seguindo minha intuição fui direto a Apocalipse 2:4: "O que tenho contra ti é que abandonaste o teu primeiro amor.

Lembra-te, pois, de onde caíste, e arrepende-te e volta às primeiras práticas."

Que jamais nos esqueçamos de que fomos feitos do amor e que Ele nos amou primeiro — isso é o que Deus quer. Ao chegar à essa conclusão, depois dessa viagem pela Bíblia, me senti amada por Deus. Foi o que fez toda a diferença na minha vida: tomar consciência de que Deus me ama. A partir desse momento constituí os três pilares que passaram a ser fundamento de minha existência:

1. Consciência do amor de Deus por nós

Não o meu amor por Ele, mas o Dele por mim, que é perfeito. Se eu pedir pão, Ele não vai me dar pedra. Blaise Pascal (1623-1662), o prodigioso filósofo, teólogo e físico francês, afirmou que todo ser humano tem dentro de si um buraco do tamanho de Deus. O dia em que todos nós soubermos de verdade o lugar que ocupamos na existência, não nos sentiremos mais ameaçados, tendo que provar quem somos. Apenas relaxaremos.

Tomar consciência do lugar que ocupo me trouxe essa paz. Na paz e no amor que transcendem todo entendimento, é exatamente nesse lugar onde quero estar para sempre em minha vida. Tomar posse disso redimensionou minha vida, e o objetivo é esse, transformar. Arrepender-se, que quer dizer metanoia, ou mudança de mente. Voltar ao primeiro amor.

O amor Dele por nós. Ele nos amou primeiro. Tomar consciência desse amor é o que vai nos trazer cura.

Nada vai me afastar do amor de Deus, nem o lugar mais baixo, nem o mais longe. Tudo coopera para aqueles que O amam, para aqueles que se conectam com o divino. Por mais que as circunstâncias externas aos olhos do mundo pareçam erradas, eu afirmo, repito, acredito: está tudo certo, está no tempo de Deus.

Procuro cada vez mais enxergar o mundo de uma forma quântica, e não cartesiana, como uma linha reta.

2. A vida não é entre você e o próximo, mas entre você e Deus

Esta é uma reflexão que me veio através da madre Teresa de Calcutá, depois de ler um texto lindo que ela escreveu, e do qual transcrevo alguns trechos a seguir:

> *Muitas vezes as pessoas são egocêntricas, ilógicas e insensatas. Perdoe-as assim mesmo.*
>
> *[...]*
>
> *Se você é um vencedor, terá alguns falsos amigos e alguns inimigos verdadeiros. Vença assim mesmo.*
>
> *Se você é honesto e franco, as pessoas podem enganá-lo. Seja honesto e franco assim mesmo.*

[...]
*Se você tem paz e é feliz, as pessoas podem sentir
inveja. Seja feliz assim mesmo.
O bem que você faz hoje pode ser esquecido amanhã. Faça o bem assim mesmo.*
[...]
*Veja você que, no final das contas, é tudo entre
você e Deus. Nunca foi entre você e os outros.*

Essa reflexão me ajuda a me libertar do ego. A entender que o sim e o não que dou não são para ninguém que não seja Deus. Vamos colocar o foco onde interessa. O ser humano já visitou a lua, mas nunca foi de verdade pesquisar onde está seu tesouro. A cada dia que passa, mais vontade tenho de mergulhar no silêncio da meditação e pedir que me sejam reveladas coisas grandes e ocultas.

3. Deus sabe do que preciso antes que eu peça

Tenho uma fé, uma confiança muito grande, nessa mão divina sobre a nossa vida, nesse olhar Dele para nós. Como desejo que essa crença penetre nos corações de todos que lerem este livro. Não tenho outro objetivo aqui que não seja saber que vidas foram transformadas para melhor. Que de algum modo pude contribuir para que correntes fossem soltas, e mentes libertas.

Eu sei que o coração
só abre de dentro para fora,
mas vou bater nessa porta
sem parar.

Não acredito que pedidos egoístas vinguem. O universo não conspira a seu favor quando o assunto é seu ego. Mas ele vai conspirar quando o seu sonho for real para todos.

Eu rio com Deus, fico o tempo inteiro conversando com Ele. Gosto de manter essa voz ativa, sincera, amorosa — é a voz da nossa criança, que nunca sai de nós.

Sinto que Deus ri comigo. Tenho plena consciência disso. Provoco, agradeço, faço piada. Mantenho esse diálogo interno, incessante, engraçado. Entre mim e Ele existe a graça.

FALA, MALUQUINHA

Quando eu tinha um ano e meio, já morando no Brasil novamente, mamãe me colocou na escola. Eu amava. Foi lá que exerci a minha primeira atividade artística: tocava triângulo na bandinha. Gostava daquele som mágico da varinha de ferro batendo no metal.

Toda vez que acabava o ensaio, ajudávamos a professora a guardar os instrumentos, e então chegava a hora mais esperada, quando eu aproveitaria para ver meu "namorado" na primeira série. A professora falava meu nome, lembro direitinho, e eu ia toda feliz, só que, em vez de seguir direto para onde ficavam os instrumentos, eu desviava o caminho e passava na sala dele.

Todos já sabiam o que eu iria fazer. Chegava perto da carteira do Mário, mandava ele abaixar e dizia:

— Não conta pra tia que eu sou sua namorada. — E ia embora.

Como fazia um trajeto maior, demorava mais que os outros para voltar, e a professora descobriu o que eu estava aprontando. Até que um dia, depois de ter guardado vários triângulos, maracas e flautinhas, e várias vezes passado na sala de Mário, a professora pediu um candidato que quisesse levar o último instrumento. Prontamente levantei a mão, mas ela disse:

— Lolô, não, já guardou muitos hoje.

Pra quê? Abri o berreiro. Chorei copiosamente, e sem parar. A professora ficou tão desconcertada que, para conter meu choro, teve que voltar atrás. Nunca tratei meus desejos com descaso. Quando quero uma coisa, quero mesmo, e me empenho 100% para alcançar meu objetivo.

Não vim de princesa nessa vida. Nunca tive sonho de ser princesa. Na verdade, nem paciência tinha para elas. Sou operária, gosto de colocar a mão na massa. Sou realizadora. Não é da minha natureza ficar sentada esperando as coisas caírem do céu. Detesto. Gosto de partir para dentro, convocar pessoas, fazer parcerias, unir forças e ver acontecer. Custe o custar. Sempre soube que teria que dar o sangue por uma profissão, por isso fiz exatamente o que amava.

Não escolho as coisas por serem fáceis ou difíceis, escolho por amor — se o que eu quero for fácil, ótimo, se não for, continuo querendo do mesmo jeito. Não fujo do que preciso enfrentar. Se eu tivesse que escolher um arquétipo para me definir, seria o de Joana d'Arc. Consigo me imaginar em cima de um cavalo forte, lindo, com um exército enorme atrás de mim, pronto para atacar sob o meu comando. De repente, dou o sinal e aí salve-se quem puder.

Só pelo fato de ser comediante já nasci na contramão da vida. O humor ainda é muito machista. Nós, mulheres, tivemos que enfiar o pé na porta para nos impormos. Um homem falar palavrão é uma coisa, uma mulher falando é outra! Por quê? "É feio uma moça com a boca suja", foi o que cresci ouvindo, um dos motivos pelos quais sou tão grata à geração de mulheres que abriu esse caminho para nós passarmos.

Há não muito tempo, a divisão no humor era cruel: ou você era a gostosa, que servia de objeto de cena, escada para o homem, ou teria que ser feia para ser a protagonista da comédia. Inconcebível uma mulher ser considerada bonita e engraçada ao mesmo tempo. Como não nasci com alma de princesa, nunca fui vaidosa nem fiz questão de me considerar uma mulher bonita. Custei para descobrir a minha beleza. Só mais adulta comecei a perceber traços bonitos que nunca valorizava; caso contrário, talvez tivesse assimilado os padrões da TV e, no meu inconsciente, para ser engraçada, teria me tornado feia.

Muitas pessoas riem ao me olhar ou me cumprimentar na rua. Acho muito engraçado, porque na sequência elas falam: "Ai, desculpa, mas só de te ver já tenho vontade de rir!" E eu digo para elas relaxarem, ficaria muito triste se me olhassem e sentissem vontade de cortar os pulsos. Amo ser considerada uma pessoa engraçada.

Ainda não era conhecida quando entrei no camarim da Isadora Ribeiro, muito amiga minha na época em que estava fazendo uma peça com Aldine Müller. Ao me ver, ela começou a rir e disse:

— Olha a amiga que eu te falei, ela não tem uma cara hilária?

Aldine me olhou assim meio sem graça e comentou:

— Não, cara hilária para mim é a do Costinha.

Fiquei feliz por ela não ter concordado com Isadora.

Já em outra situação, tive o seguinte diálogo com Malu Mader:

— Malu, eu tenho uma cara engraçada?

— Não.

— E se eu estiver numa estaçãozinha sentada esperando um trem, com uma malinha aqui do lado, você vai dizer: nossa, como ela é engraçada?

— Também não vou, não.

— Mas na hora que eu perguntasse: quanto é a passagem?

— Aí não tem jeito, te ouvindo falar eu iria dizer, sim, que você é engraçada.

Ser engraçado não é algo que se escolha. Certas coisas nós escolhemos, por outras somos escolhidos; o humor é uma delas. Não acredito que alguém possa aprender a ser engraçado. A graça é um olhar, e eu amo ter esse olhar para a vida.

Tenho outra característica peculiar e que me faz acreditar mais ainda que nasci na contramão. O que é fácil para a maioria das pessoas, para mim geralmente é difícil, e vice-versa. Um terapeuta amigo meu, doutor Robson, fez um teste psicológico e sentenciou: "Você vê o mundo pelas diferenças." Como se eu colorisse o espaço para descobrir a figura. Estou sempre prestando atenção em alguma coisa que os outros não estão. Uma situação esdrúxula como essa poderia acontecer na minha vida:

— Você se lembra de Fulano? Ele era alto, tinha um vozeirão, andava sempre com roupas fosforescentes, com um cabelo vermelho enorme.

Depois de toda essa descrição, eu seria capaz de perguntar:

— Ele era canhoto?

O que deixaria a outra pessoa irritada.

— Ah, sei lá. Se com tudo que eu falei você não lembra, lembraria se eu dissesse que ele era canhoto?

Mas, por incrível que pareça, lembraria. Sempre é algum detalhe, uma informação a princípio irrelevante, que me chama a atenção.

Talvez por essa conexão com o "diferente", as coisas que acontecem comigo geralmente fogem ao padrão. Até o câncer foi de glândula salivar, um tipo bem raro. A bolinha retirada da boca teria 99% de chance de não ser maligna, mas foi, e a possibilidade de ocorrer metástase, de apenas 0,03%, aconteceu. Ou seja, são grandes as probabilidades de eu ganhar na Mega-Sena sozinha em algum momento.

Também fugi às normas habituais na escolha da minha profissão. Saí de Salvador para morar no Rio porque queria ser atriz. Mesmo sem ninguém na família que apoiasse a decisão, ou alguém para procurar na cidade que pudesse me ajudar.

Paulo Marcelo, meu irmão mais velho, o "pai novo", foi o grande responsável por eu ser essa atriz, lá desde a primeira infância. Ele foi meu primeiro diretor. Eu era o bebê dos irmãos, uma boneca disputada, de quem todo mundo queria cuidar — mas era ele quem me maquiava, me dava textos para eu atender o telefone: "Alô, querida, como vai?". Tudo que ele mandava eu fazia, amarradona.

Eu amava quando alguém me perguntava:

— O que você vai ser quando crescer?

Respondia na lata:

— Atriz.

Minha mãe não ficava muito confortável com essa resposta, e comentava a seguir:

— Quando crescer, ela muda.

E eu afirmava:

— Não mudo, não. Já tenho até nome artístico, Linda Strass.

Escolhi Linda porque a mulher podia ser feia, mas se ela se chamasse Linda já ganharia um *upgrade* na abordagem. E Strass era algo que me lembrava brilho, o que na minha vida em Hollywood iria encontrar a rodo.

Sempre fui amiga da alegria — e de um palco também. Essa crença no positivo, o foco no lúdico, na brincadeira, fez de mim a palhaça da escola e me deu a convicção de que eu estava no caminho certo. Meus amigos ficam felizes com a minha escolha, porque realmente não conseguem me ver exercendo outra profissão. Se eu fosse advogada ou médica, não teria um cliente. Se bem que o humor cura.

Já ouvi várias vezes na rua "Quando eu estou triste, lembro...", citando em seguida alguma cena que eu tenha feito. Fico muito feliz. Chico Anysio costumava dizer: "As pessoas sentem muita gratidão por quem as faz rir." Rir é mesmo o melhor remédio. A mãe de uma grande amiga de Salvador, quando me viu na TV, definiu bem: "Ó pá Lolô, ganhando dinheiro só sendo o que ela sempre foi."

A primeira vez que subi em um palco foi aos 6 anos, na escola em que eu estudava em Brasília.

No tablado montado na quadra para as apresentações de uma festa, com a saia vermelha de plástico e uma blusinha branca, interpretei toda empenhada meu longo texto:

— Eu sou a maçã, bonita e cheirosa, a casca tem ferro, e a polpa é gostosa.

Depois daquela primeira peça sobre uma salada de frutas seguiram-se dezenas, desde menina não perdia a chance de participar de qualquer dramaturgia.

Quando completei 9 anos, meu irmão entrou para a Igreja mórmon, e, não sei por que cargas d'água, eu e Patu começamos a frequentá-la também. Organizavam muitas atividades no teatro local e, em uma das festas, fiz uma apresentação histórica. Sem nenhum ensaio, me convocaram a subir no palco e, animadíssima, aceitei na hora.

A plateia estava lotada. Entrei em cena e de repente encarnei um personagem nordestino, fazendo as pessoas passarem mal de rir. Coloquei um chapéu, fiz uma voz, tirei o chapéu, inventei outra, as pessoas rindo sem parar. Eu embalada, a toda, como se tivesse decorado um texto enorme. E a plateia gargalhando. Meu pai achou que eu tinha surtado e estava em uma espécie de transe. Foi ficando tão nervoso que, do nada, começou a aplaudir, para interromper a cena. Ali deve ter tido a certeza de que sua filha não ia mudar de ideia.

***

Apesar de amar Salvador, os amigos todos, e a vida maravilhosa que sempre tive na cidade, iria atrás do meu sonho. Costumo dizer que não sou baiana de nascença, mas de *adolescença*. Adoro ouvir quando meus amigos dizem que continuo a mesma, o que só confirma minha escolha e não me afasta deles.

Comemorei o meu aniversário de 50 anos no Club Med de Itaparica. Chamei os amigos das duas escolas em que estudei e fechamos o clube. Foram todos com seus filhos, esposas, maridos, a festa durou três dias. O povo baiano é muito animado, não existe igual. Meu marido Mauro, que é todo metódico, quase teve um treco: a farra não acabava nunca. Além das mil atividades durante o dia, à noite dançávamos até não poder mais, e o bordão do DJ era esse:

— E tá só começando!

Recordar é viver. Mil histórias surgiram, relembramos tantos momentos, fizeram um álbum lindo em que escreveram como costumavam me chamar na escola: fala, maluquinha!

Todos esses amigos moram no meu coração. Durante meu tratamento, muitos foram para São Paulo, como Clarissa Mathias e Christiane Cobas, a Kitty, que nos tempos de escola eram duas gênias, tirando 20 quando a prova valia 10. Hoje são grandes médicas. Nunca conseguirei agradecer tudo que fizeram. Kitty assistiu minha cirurgia e ficou comigo todos os dias. Clarissa foi quem me mandou fazer a *pet scan* —

um exame de imagem de alta tecnologia, que permite identificar a presença de tumores e acompanhar a eficiência do tratamento — e tomou outras providências milagrosas. Andrea também permaneceu todo tempo no hospital, e minhas amigas-irmãs, Julieta e Lívia, foram duas fadas. Mil anos viverei, nunca vou esquecer.

Não tenho consciência de quando atentei para Deus na minha vida. Estudei em algumas escolas católicas. Meu pai era ateu e minha mãe religiosa, mas talvez a pessoa mais importante na construção dessa minha religiosidade tenha sido minha avó.

Vovó Clarice, mãe da minha mãe, era muito presente, tomava conta da gente sempre que meus pais viajavam. Era tão mal-humorada que chegava a ser engraçada, deliciosa, sempre disposta a fazer o que fosse necessário. Frequentava assiduamente a igreja, um ambiente que para mim sempre foi um lugar feliz.

Era um programa e tanto andar com vovó pela igreja, acompanhando a sequência dos quadros que retratavam a caminhada de Jesus Cristo. Havia uma dança naquelas imagens, a passagem dos dias, as sombras do dia, e de algum modo eu me conectava com a ressurreição, achava simplesmente fantástica aquela reviravolta, a cena final.

Religião sempre foi assunto muito sério para mim. Eu até dizia que seria duas coisas na vida: freira e atriz. Começando como atriz, claro, para antes cometer muitos pecados — e só depois de velhinha, então, virar freira.

Em uma Semana Santa, eu devia ter 7 anos, em Brasília, acabei perfurando sem querer a palma da minha mão com um lápis — bem no meio, ficou aquele furo, e saiu sangue. Eu estava sozinha e fiquei impressionada com o sangue saindo sem parar. Aquele furo no meio da minha mão, que parecia ter sido causado por um prego... Me veio à mente a crucificação de Jesus e senti como se, naquele instante, estivesse fazendo um pacto com Ele.

Apesar das imagens tristes que encontramos em uma igreja, ver a cena de Cristo ressuscitando pode nos trazer paz. Ele é realmente o grande consolador. Viver com Ele é viver em graça, e graça era o que eu estava disposta a fazer na minha vida para sempre.

Foi a minha ligação com Deus que me levou a ser atriz.

Não voltaria atrás por nada deste mundo. Meus pais podiam ignorar o projeto, fazer tudo para que eu desistisse — mas eu estava decidida a seguir em frente. Deixaria Salvador e iria para o Rio.

O ANO DO ESMAGAMENTO DO EGO

Quando cheguei ao Rio em 1986, aos 19 anos, estava absolutamente comprometida com meu sonho de ser atriz, sequer cogitava outra possibilidade. Só que não conhecia ninguém, não sabia onde encontrar as pessoas, era um mundo e tanto a ser mapeado sem um ponto de partida.

Meu pai concordara em me ajudar financeiramente, desde que eu estivesse matriculada em uma universidade, fazendo um curso que ele considerasse como universitário — o que não seria o caso, por exemplo, da faculdade de Artes Cênicas. Eu teria que escolher uma das clássicas, algo na linha das chamadas "profissões sérias", como Direito, Administração ou Economia.

Fiz o vestibular e passei para o curso de Administração na Faculdade Cândido Mendes, me matriculei em sete matérias, logo de cara trancando quatro que não me despertavam a menor curiosidade. Passei apenas na disciplina em que o professor pediu um trabalho expositivo, quando o aluno precisaria ir na frente da turma para defender sua ideia. Nada poderia ser mais adequado e oportuno para mim.

Quando subi no tabladinho onde os professores davam aula, já me senti em cima de um palco, e na hora transformei o trabalho em um *stand-up*. Tão logo comecei a falar, as pessoas começaram a rir. Na faculdade, eu era chamada de Baianinha. Quanto mais eu falava, mais os colegas riam, inclusive o professor. Tanto que começou a juntar gente de outras turmas na sala e, quando acabei, todos aplaudiram como se tivessem assistido a uma peça. Depois da apresentação, o único que levantou a mão para as perguntas foi o professor:

— Minha filha, o que você está fazendo aqui, se seu lugar é em cima de um palco?

Na hora respondi:

— O senhor liga para o meu pai na Bahia e diz isso?

As pessoas riram mais ainda.

O fato de eu ter só passado em uma matéria me fez trancar a faculdade e assim a fonte secou, jacaré. Meu pai parou de me mandar dinheiro, e pela primeira vez na vida precisei realmente pensar no que fazer para me manter.

Viera de Salvador para morar com minha tia Lúcia e a prima Germana, duas santas que amo e às quais serei eternamente grata, as únicas que toparam me receber. E por quê? Porque eu era um demônio, só isso! Não vou nem aliviar minha barra. Desarrumada, bagunceira, sem noção. Voltava molhada da praia e sentava no sofá. Entrava em casa com o pé cheio de areia. Como sempre tive quem arrumasse minha bagunça, acabei não aprendendo muito sobre respeito pelo espaço alheio. Se eu criasse algum incêndio, alguém apagaria.

Meus pais não eram ricos, mas nossa vida financeira era tranquila, tudo podia ser resolvido. Hoje vejo a linha tênue entre dar uma vida confortável à prole e não criar monstros. Não que eu fosse uma louca, grossa ou mal-educada, mas achava que o mundo poderia e deveria girar em torno do meu umbigo. Só isso. "Aprendemos pelo amor ou pela dor." Essa frase se aplicou perfeitamente à minha vida, e com certeza meu caso foi o segundo, mas foi fundamental que tenha sido assim.

Quando cheguei ao Rio, começou meu processo metamórfico de lagarta para borboleta. Foram alguns anos dolorosos, não posso mentir, mas passei a ter muita gratidão por tudo e hoje consigo agradecer a todas as pessoas que cruzaram meu caminho, agradecer aos "nãos", às portas fechadas, a todos os retornos que na época poderiam ser classificados como negativos, mas que agora entendo o quanto foram necessários.

Para aprendermos as lições, o universo se movimenta, e até portas que facilmente se abririam emperram feio. Por exemplo, minha irmã Clarisse, que morava no Rio e sabia bem como eu era — pois quando passava férias em sua casa ela vivia o inferno comigo —, ao receber a notícia de que eu havia decidido me mudar para lá, prontamente reagiu:

— Se precisar de alguma coisa, não conte comigo.

Sei que essa frase pode chocar, mas era o que eu precisava ouvir. Se tivesse ficado no "confortinho" de sua casa, nada iria mudar e eu precisava me transformar profundamente. Foi tudo perfeito. Mesmo meus pais não tendo apoiado minha profissão e minha irmã ter dito aquela frase para mim, tudo foi parte do plano de Deus. Precisava provar minha força e tratar de fazer meu dever de casa.

À medida em que fui nadando contra a corrente, todas essas situações foram se transformando. Só queria deixar bem claro aqui, sem sombra de dúvidas, o amor e a gratidão que sinto por meus pais e por minha irmã, hoje minha maior amiga e que muito, mas muito me ajudou. Somos fechamento. Aliás, meus irmãos são um capítulo à parte nessa história, de tanto amor que tenho por eles.

A saída da casa dos meus pais ampliou meu mundo, que naquele momento ficaria completamente desconfortável. Mal sabia eu quantas outras vezes o mundo ficaria desconfortável na minha vida. Ali era só o começo de meu nascimento para a existência. Aprendi que nada iria se moldar a mim, e também não demorei a entender que, quanto menos resistisse ao processo de aprendizado, melhor. Não comi o pão que o diabo amassou, mas comi o biscoito.

Quando estive doente, vi que tudo é repetição. Diante da sensação de um cenário em ruínas, é preciso se recompor com rapidez e encarar a nova realidade sem revolta. É a hora de recorrer aos deveres que fizemos. Ter a certeza de que podemos aprender com o que estamos passando e de que nada acontece à toa. Isso é o que chamo de "poder agradecer às sombras", ver a luz que há nelas.

Na chegada ao Rio, senti que Deus havia me jogado de um lado da vida completamente diferente do que eu conhecia até então. Sei que falo muito em Deus, mas é assim que vejo, Deus está em tudo. E quando algo dá muito, muito errado, um resultado tremendamente improvável, é aí que eu digo mesmo: Deus quer se manifestar de forma miraculosa! Deu errado demais, não foi por acaso.

Quando caí na correnteza da vida, tive que arrumar meu primeiro trabalho. Foi numa loja chamada Ki-tanga Biquínis, em Ipanema. Durante esse período, comecei a frequentar a CAL, Casa de Artes de Laranjeiras, para entender o que seria assumir a profissão de atriz. A porta de entrada foi um curso de férias com Hamilton Vaz Pereira e Lena Brito, "O divino clandestino". Quando começaram as aulas, tive a confirmação: é isso que eu quero. No segundo semestre segui para o curso profissionalizante, com Moacyr Góes, das 16h às 21h, em dobradinha com a Kitanga das 10h às 16h.

Acabara a fase do carro me levando de um lado para o outro; só circulava pela cidade de ônibus, precisava economizar. Lembro que um dia enfiei a mão no bolso para tomar um chope e não tinha mais que um real e vinte centavos. Aquela cena me marcou. Ali eu vi que estava na merda mesmo. Mas não desanimei, não, provavelmente pedi para alguém pagar para mim. O negócio era não se abater pelo tempo ruim.

Minha vida teve uma dança muito curiosa. Eu costumo dizer que Deus me colocou do lado do balcão onde se é servido, quando nasci. Depois Ele me jogou para o outro, o lado de quem serve, para eu entender como são os bastidores e aprender a criar empatia verdadeira com o próximo. E, depois de me lapidar bastante, Ele me voltou para o outro lado novamente, mas com uma cabeça nova, mais consciente, capaz de sentir muita gratidão no coração e dando valor a tudo.

Eu tive a prova disso quando trabalhei como vendedora e passei por uma situação parecida com a que eu tinha vivido em Salvador, ainda do outro lado do balcão. Fui comprar um biquíni na hora do shopping fechar. Experimentei todos os modelos de uma loja, mas não gostei de nenhum. Comentei com a vendedora que iria dar uma volta:

— Se eu não achar nenhum, volto e levo esse.

Acabei mesmo voltando para comprar o biquíni, mas a loja estava fechada. Achei um absurdo, eu avisei que ia voltar!

Corta para: Rio de Janeiro, Ipanema, Visconde de Pirajá, Ki-tanga Biquínis. Já na minha hora de sair, entra uma menina. Experimentou a loja inteira, foi embora. Puta "cliente caroço", né? Aquele que entra, experimenta tudo e não leva nada. Resumo da ópera, todo mundo foi embora, mas como havia sido eu que atendera àquela filha perfeita de Deus, precisei ficar enrolando todos os biquínis que a cliente havia experimentado até depois que a loja fechou. Aí a ficha caiu:

— Caraca, foi assim que se sentiu a menina da loja em que fiz a mesma coisa!

O ano de 1986 foi bem diferente de tudo que eu já tinha vivido, mas 1987 foi aquele que considerei o ano do esmagamento do ego — quando Deus me pulverizou e fez de mim uma nova criatura. Que ano difícil! Experimentei coisas que jamais imaginaria passar.

Pouco tempo depois da minha chegada, já estava procurando um novo lugar para morar. Após aquele período, mesmo a tolerante tia Lúcia tinha pedido arrego — não daria mais para continuar morando em seu apartamento na Gávea. A paciência dela e de Germana tinha acabado, e hoje eu até acho que durou muito!

Mudei do apartamento de tia Lúcia e fui morar com uma amiga, Paula Manga; não tinha dinheiro para morar sozinha nem queria voltar para Salvador, e acabei precisando aceitar o convite para passar um tempo na casa dela. Morar de favor se equipara a morar embaixo da ponte. É uma situação muito complicada, pois embora façam tudo para que você se sinta bem, não adianta, ainda assim é um favor!

Fui criada com tudo do bom e do melhor e, de repente, me vi morando em uma casa que não era minha. Lá aprendi muito, não posso negar. Aprendi noção de espaço, aprendi a não falar quando não era perguntada, a me preocupar para não ser um peso na vida de ninguém. Foi nesse momento que percebi como ainda era imatura.

Não conseguiria morar sozinha, até porque eu tinha pânico de alma. E morria de vergonha de dizer isso, claro. Com 21 anos na cara e não podia me imaginar dormindo sem ninguém por perto. O apartamento de tia Lúcia era pequeno, mas a casa de minha amiga, não. Eu caçava companhia pela noite, vagando pelos cômodos de travesseiro e lembrando de quando era menina e tinha medo de alma e de bruxa. Realmente constrangedor.

Foi naquele ano que começaram minhas crises de pânico. Um dia depois de chegar da minha aula de ginástica, meu coração disparou. Achei que estava morrendo. Chamei minha amiga e pedi que ela me ajudasse, achando que se tratava de um enfarte. Não tinha a mínima ideia do que de fato pudesse ser. Ela me levou a uma clínica, o médico me examinou inteira, constatou que não havia sintoma de nada fisicamente importante e concluiu:

— Deve ter sido um ataque de pânico.

Nunca ouvira falar disso. Ataque de pânico? Aquilo me apavorou. Na época vivia um relacionamento amoroso complicado, éramos muito imaturos, inseguros. A junção de tantas novidades foi me abalando e eu só pensava: preciso ser forte.

Mas a verdade é que eu me sentia a pessoa mais sozinha do mundo. Precisei interromper minhas aulas na CAL e, para meu pai me ajudar de novo, entrei para a faculdade de Psicologia. Nada naquele ano seria suave. Tive que encontrar vários espaços novos em mim, e vez ou outra ainda me perguntava: por que eu não volto para Salvador? Vai ver que meus pais estão certos, tudo isso é uma loucura. Mas uma voz dentro de mim sempre dizia: segue.

A voz do meu coração fala mais alto do que qualquer voz. Eu a escuto, sinto, como a voz de Deus — podem chamar de universo, força cósmica, quântica, eu também chamo, mas para mim é a voz de Deus —, como um chamado com o qual sou comprometida, e assim eu faço, sigo.

O fim desse ano veio com vários "fins". A mudança de minha amiga Paula para os Estados Unidos. O fim da estadia no lugar onde eu estava morando. O fim do período letivo, que, por sua vez, anunciaria o fim da faculdade em minha vida. Estava decidida, não faria nada que não fosse correr atrás da minha profissão.

Li no jornal que Domingos Oliveira estava abrindo um curso, mas para participar seria necessário fazer um teste. Escrevi um texto para apresentar e fiz o teste com ele. Domingos riu muito. Quando eu estava indo embora, sem saber se tinha passado ou não, já que a resposta não era imediata, alguém veio correndo atrás de mim:

— Domingos quer falar com você.

Voltei imediatamente. Quando ele me viu, me deu um abraço:

— Quem é você? O que você faz, como veio parar aqui?

Como se tivesse ensaiado para responder, contei rapidamente minha história. Naquele momento, minha situação era mais instável do que nunca. Eu estava morando dentro do meu Chevette. Sim, exatamente isso. Saíra da casa da minha amiga, ainda não havia encontrado um lugar para morar e não queria pedir esse favor a ninguém. Então vivia assim: dormia na casa de um, tomava café na casa de outro, almoçava na casa de um terceiro. E no dia seguinte a saga se repetia.

Já não era mais a porra-louca de sempre, estava bem mudada, e por isso eu e minha irmã Clarisse começamos a ficar muito próximas. Vira e mexe, eu baixava lá na casa dela, mas não contava a verdade, não dizia que estava sem ter onde morar, mas tomava um banho, ou almoçava e seguia rumo. Até que consegui dividir apartamento com uma amiga e sosseguei uns três meses, mas ela se casou e achei melhor sair.

Domingos ficou impressionado com minha história e me convidou não só para fazer o curso, como também para participar da próxima peça que ele iria montar, *As guerreiras do amor*, inspirada em *Lisístrata*, de Aristófanes.

Fiquei exultante. Seria a minha primeira peça adulta, dirigida por um dramaturgo que eu conhecia e admirava tanto — e com um elenco em que estrelavam grandes nomes, como Maitê Proença, Luiza Tomé, Priscilla Rozenbaum, Dedina Bernardelli, Duaia Assumpção, Ricardo Kosovski, Miguel Oniga, Orã Figueiredo, Ronaldo Nogueira, Fred Eça, o próprio Domingos e André Mattos, com quem eu me casaria..

Estava ficando para trás um dos períodos mais difíceis da minha vida — o mais tenebroso até então. Agora a sorte começava a sorrir para mim. Havia feito o meu dever de casa e estava dando início à minha colheita, pois as grandes lições de vida a gente aprende nas tempestades. E, depois de tudo que eu passara, a vontade de ser atriz só crescia. Conquistara minha primeira oportunidade e já aprendera algo que para sempre carrego comigo: nunca poluir meu coração com sentimentos que não edificam. Só assim a vida anda. A minha eu queria que voasse — e ali começou meu decolar.

PEQUENAS EPIFANIAS

Os motores do foguete foram ligados — e como foguete não dá ré, na virada do sucesso de *As guerreiras do amor*, as condições estavam dadas para a construção do castelo dos meus sonhos. Começava a década do casulo, tempo que precisei para me fortalecer. Até uma nova virada, o novo milênio, quando ficaria em cima das minhas pernas de vez.

É uma angústia, uma agonia, o período do casulo até a lagarta virar borboleta. Mas é nessa fase que as asas ganham tônus para a borboleta voar. Se alguém resolver cortar o casulo antes, para encurtar o sofrimento da lagarta, ela morre. O tormento é parte do plano.

Na década de 1990 me separei, casei e separei de novo, entrei e saí da depressão, assinei os primeiros contratos com a Globo. Comecei a fazer comerciais, escrevi e montei peças infantis — já ganhava dinheiro com meu trabalho, de forma irregular, mas ganhava.

Foi quando escrevi minha primeira peça adulta, *TV Sátira, a sua televisão privada*, com a direção de Chico Anysio, e meu ciclo de conhecimentos se ampliou de forma absurda. Foi a década em que criei lastro.

Com 22 anos tinha a cabeça de 2, nunca fui o tipo de pessoa que desde cedo se torna madura nas atitudes, como algumas amigas na escola que, de tão sensatas aos 13 anos, já pareciam ter 40. Sempre fui o oposto. Tantos anos depois da adolescência e ainda precisava de uma mãe e tinha medo de dormir sozinha... que tristeza.

Depois daquele período de peregrinação, em que vivia com minhas coisas na mala do Chevette, finalmente consegui um pouso. Uma amiga do meu irmão, costureira de mão cheia, me alugou um quarto em sua casa. No centrão de Copacabana, em uma transversal da rua Siqueira Campos, Irene morava em um sobrado sem luxo, mas como a gente se divertia! Irene era engraçadíssima. O chuveiro vira e mexe dava um choque em alguém, nós ouvíamos o grito e logo avisávamos: perigo, banho seguro só com sandália de borracha. Tudo era levado na brincadeira.

Nunca havia passado antes por aquele tipo de perrengue, mas só o fato de ter parado em um lugar para chamar de meu já me enchia de gratidão. E aos poucos fui aprendendo algo importante, que realmente faz o cotidiano ficar mais leve: a vida é feita de fases.

Fases vão mudando e melhorando
rapidamente, se entramos na dança
cósmica. Tudo fica mais suave. Assim
eu conversava com Ele, e o ouvia:
isso não é nada, e vai passar.

E cada uma delas precisa ser abraçada sem muito drama. Deus é inteligência infinita, fez isso por nós. Aquela fase em que morei com Irene foi tão rica... Uma casa sempre alegre, todo dia uma história. Quem conhece Copacabana sabe que os prédios são colados uns aos outros, e naquela rua, ainda mais estreita, praticamente morávamos em uma grande comunidade com os vizinhos. Era difícil não saber o que acontecia na casa ao lado. Nunca vou esquecer o dia em que procurava uma sandália no quarto, e de repente, ouvi:

— Psiu, psiu!

Ué, quem estaria me chamando, se eu estava sozinha em casa? Quando olhei pela janela, vi uma mulher no prédio em frente, e ela percebeu que eu estava procurando alguma coisa e, do seu andar, conseguiu localizar:

— Tá ali, embaixo da cama!

Era o outro par da sandália. Achei hilário. Agradeci e rimos juntas.

"Aquele diretor é um horror", "nunca vi produção tão capenga", "que comida ruim", "todo mundo atrasado", "e o calor que está fazendo hoje?", "e o frio que estava fazendo ontem?". Cupim de coxia é como a gente chama aquela pessoa que fica assim, reclamando nos bastidores.

Ó vida, ó céus, nunca faltarão motivos para vermos a falta, mas essa é a aventura, nosso exercício espiritual para alcançar uma vida minimamente interessante aqui na Terra. Tem coisa mais sem graça do que reclamar o tempo inteiro? Não seria essa a definição de um chato?

O contrário de reclamar é agradecer. Um hábito que a gente cultiva como qualquer outro, prática poderosa, capaz de aumentar em muito a nossa vibração, essa camada invisível de energia ao nosso redor.

Gosto de me sentir grata pelo que tenho e recebo. Se a gente fica reclamando da casa, do marido, da falta de marido, do trânsito, do trabalho, a tendência é ficar triste, desanimado, com a vibração baixa... E o que podemos atrair irradiando esse tipo de sentimento? Mais do mesmo.

Quando acontece alguma coisa que eu não estava esperando, se um projeto não rolou, não consegui fazer aquele papel — ah, não era para ser. Nada de ficar remoendo. Vamos seguir em frente, confiar que foi melhor assim. Não vou jogar contra mim mesma, trato logo de buscar minhas âncoras. É uma tônica da minha vida, mesmo no período de sombra, buscar a luz.

Quando surgiu o convite para fazer a peça do Domingos e eu soube que seria remunerada por isso, afinal era um espetáculo profissional, mal acreditei. Imagina só, fazer o que eu mais amava e ainda ganhar dinheiro? Foi a glória. Pude sair do emprego em que estava na época, no escritório de uma construtora, onde ficava trancada o dia inteiro em uma sala de quatro metros quadrados encaminhando operários para o RH.

Como era um ambiente minúsculo e nem sempre havia o que fazer, tive que achar espaço em mim. Foi a minha primeira experiência nesse sentido. Graças a essa busca acabei escrevendo ali a minha primeira peça infantil, *A viagem encantada*, texto que eu montaria e do qual iria viver algumas vezes na vida.

Guardo até hoje essa peça, que escrevi à mão em um caderno. Digo que estou colecionando para colocar no meu museu, infinito particular, para vocês verem como ainda continuo sonhando. As pessoas do escritório me amavam, passava o dia inteiro fazendo palhaçada, e eles e ficaram tristes quando eu fui embora.

Comecei a desabrochar para a vida, a ensaiar o equilíbrio em cima dos meus próprios pés. Passei a não querer mais o dinheiro de meu pai e já controlava as finanças dentro do que recebia por mês. Essa aula de economia doméstica aprendi com Sandra, a vendedora que trabalhava comigo na Ki-tanga e que se tornou minha amiga. Ela foi a grande responsável por me ensinar a viver dentro de minhas possibilidades, certa de que não existe pouco dinheiro, mas dinheiro mal administrado.

Sandra só pisava onde alcançava. O fato de ganharmos o mesmo e ela ter sempre dinheiro, enquanto eu ficava dura mal recebia o salário, me chamou atenção:

— Sandra, como você faz para o seu dinheiro esticar dessa forma? Você ajuda sua mãe em casa, compra aqui na loja e ainda guarda para o consórcio do carro... como é que consegue?

E ela respondeu:

— Lolô, você gasta dinheiro com muita bobagem! Quando chega alguma novidade na loja, como a gente tem 60% de desconto, você já se emociona e sai comprando o que nem usa... E vem trabalhar de carro, gastando com gasolina e no aluguel da garagem. Só nisso já foi seu salário.

Ela tinha razão em tudo! Continuava fazendo na minha vida o que meu pai ensinara: "Pega tudo em cinco minutos." Quando cheguei em casa naquela noite, olhei as várias roupas ainda com etiqueta, peças que nunca usara e ocupavam o armário, igual quando eu era adolescente.

Suspendi minha ida de carro para o trabalho, desaluguei a garagem, não tirei mais nada na loja; no final daquele mês sobrou tanto que nem acreditei. Agradeço muito a Sandra por essa lição tão preciosa, e ensino às minhas filhas:

— Vivam dentro do que possam. Tem gente que ganha 1.840 reais e gasta 1.488, essa pessoa é mais rica do que aquela que ganha 100 mil e gasta 200 mil.

Assim segui administrando a minha vida. Nunca deixei de sonhar, fazia planos, a cabeça vivia nas nuvens — mas os pés permaneceram no chão. Nunca desisti de acreditar que conseguiria o que eu quisesse, fosse o que fosse.

Sonhava em ter uma Mercedes prata, por exemplo, e quando entrava no meu Chevette, que era prata, me sentia como se estivesse entrando nela, esperando com fé o dia em que o novo carro se materializaria na minha vida.

Só o fato de eu poder estar vivendo da profissão que havia escolhido me encheu de confiança e já me fez sentir uma estrela de Hollywood.

Em 1990 comecei a frequentar o Tablado, referência na cidade, teatro formador de gerações talentosas sob o comando da genial Maria Clara Machado. Comecei na turma de Ricardo Kosovski, meu grande amigo, e em 1991 fui aluna de Bernardo Jablonski, que se tornaria uma das pessoas mais importantes da minha vida.

Bernardo fora uma das primeiras pessoas que conheci ao chegar da Bahia. Amigo do meu irmão, Paulo Marcelo, o "pai novo", na faculdade de Psicologia, ao saber que eu viria morar na cidade se dispôs a me conhecer. Mas suas aulas eram disputadíssimas, as vagas acabavam de um dia para o outro. Quando finalmente consegui me matricular, foi maravilhoso. Ele se apaixonou por meu trabalho.

Bernardo resolveu montar para a peça de final de ano, conclusão de ciclo, a comédia *Advocacia segundo os irmãos Marx*, texto dele, adaptação da obra de Groucho Marx. E apostou que eu estaria à altura do desafio, me convidando para ser a protagonista, a advogada Yasmin Robalo — uma profissional corrupta, mau-caráter, que só aprontava com todo mundo. A peça era hilária. Já abria com a secretária anunciando o escrete:

— Alô, escritório de advocacia Robalo, Robalinho e Mão de Vaca Advogados. Sim, a dra. Yasmin está no julgamento, mas ela já vai chegar. Boa tarde, dra. Yasmim.

Nisso eu entrava em cena:

— Boa tarde o cacete! Os jornais publicaram uma foto minha no julgamento em que eu estou a cara da minha mãe! Gente, essa é a mamãe! Não se pode confiar, jornalista é fogo!

Eu chegava fumando um charuto, tipo o Groucho Marx, fazendo uma piada atrás da outra, e o público enlouqueceu. No palco, era aquela figura mais frágil e bem jovem ainda, mas quando abria a boca encarnava uma Dercy Gonçalves.

O teatro ferveu na estreia. Durante o intervalo, a Silvinha Fux, secretária que trabalhava no Tablado havia milênios, agarrou Bernardo, gritando: "Ela tá pronta, ela tá pronta!" Todo mundo excitado, uma vibração contagiante. No final da peça, eu estava na coxia recolhendo as coisas quando a própria Maria Clara Machado me agarrou pelo braço e saiu me puxando para onde os professores se reuniam depois do espetáculo.

A sala estava cheia: vários diretores e produtores de elenco vinham assistir às peças de final de ano para ver quem estava surgindo, quem seria quem na fila do pão. E foi naquele lugar que a mestra entrou comigo. Todos me olharam, e ela muito sorridente levantou minha mão, dizendo:

— Nasceu uma estrela!

Fiquei em êxtase. Finalmente os aplausos em cena, o reconhecimento ostensivo do público e também de diretores do teatro e da televisão. O Tablado sempre teve esse apelo forte, atraindo olheiros da Globo para identificar atores que podiam atuar em outras frentes. Ainda me lembro de um comentário do Maurício Sherman: "Fiquei impressionado, o que saía da boca da atriz não batia com o que víamos em cena. Uma figura delicada comandando uma comédia poderosa e escrachada dessas... como uma protagonista experiente!"

Maria Clara amou tanto a peça que ela própria bancou a produção, no ano seguinte, quando entramos em cartaz no Tablado com muito sucesso.

Foi ainda durante os ensaios de *Advocacia segundo os irmãos Marx*, em sua primeira versão, que eu conheci também Maria Clara Gueiros — que naquela época namorava o Bernardo Jablonski, com quem se casaria depois e teria dois filhos —, uma das minhas amigas irmãs mais queridas, parceira de grandes trabalhos e aventuras.

MEUS AMORES

Tenho a sensação de que Deus me mandou nessa vida com meus amores muito definidos. Só de olhar, eu já sabia: *Caraca, vou ter alguma coisa com esse aí*, e não dava outra. Não sei explicar, é uma certeza que vem no meu coração, não há como fugir. Na verdade, sentia até um certo medo do Dedé, o André Mattos, com quem me casei, logo que o conheci no elenco de *As guerreiras do amor*, a peça do Domingos Oliveira em Ipanema.

Na época ele também era um dos atores de uma outra peça no Tablado, a *Tribobó City*. No papel de um mexicano, deixou crescer um bigode enorme, o que já me parecia estranho, além de usar uma jaqueta cheia de adesivos, tipo Hells Angels. Achava Dedé muito estranho, imaginava que ele comia barata, batia em mulher, era um louco perdido no mundo. Ainda mais com aquela timidez toda: o sujeito não falava muito, chegava e ficava quieto. E eu com a cabeça a mil, só analisando aquele ser.

Um dia cheguei mais cedo no ensaio na casa da Priscilla Rozenbaum, no Leblon, só ele na sala. Ai, meu coração. A gente se cumprimentou meio sem graça, um evitando o olhar do outro. Mas eu não aguentava, tinha um ímã me puxando na direção dele. Já estava bolada por ficarmos naquela sala sozinhos, rezando para alguém chegar. Ele sacava que eu estava olhando, mas ficava quieto. Quando virava para mim, conseguia dar uma disfarçada olhando para o outro lado.

Mas de repente, examinando o sujeito de esguelha, ele virou rápido e me flagrou. Não tive tempo de virar a cabeça e meu olho bateu no dele. Como se tivesse visto sua alma, me dei conta: esse cara não é aquilo que pensa que é. Percebi que a imagem que Dedé nos transmitia nada tinha a ver com o que ele era de verdade. Naquele olhar, me apaixonei por ele.

E eu estava certíssima. Dedé é um dos seres humanos mais doces e gentis com quem já convivi na minha vida. Aquele bruto, de quem eu até sentia certo medo, era um príncipe. Não demorou e logo estávamos namorando, envolvidos em uma linda história de amor, e com casório marcado para 8 de outubro de 1989.

Casamos na igreja, com vestido de noiva feito por Irene. Foi uma festa linda, de onde saí direto para morar com Dedé em Botafogo, num apê minúsculo que o pai dele havia deixado como herança.

"Valeu a pena?
Tudo vale a pena
Se a alma não é pequena."

Fernando Pessoa (1888-1935),
poeta e filósofo português

Um apartamento antigo, mal dividido, em que se entrava pelo corredor, passando antes pela cozinha e banheiro até chegar na sala diminuta. Na sequência chegávamos ao quarto e, pronto, acabou. Mas a janela da sala dava para o Cristo! Se existe uma coisa que Deus sempre me deu, foi vista. Hoje, quando vou comprar um imóvel, digo sempre: "Eu não compro imóvel, compro vista." Já no meu primeiro apartamento, bem humildezinho, havia vista. O Cristo com os braços abertos sobre nós. E só por ser um apartamento meu... Nossa, como eu estava feliz. Finalmente podia dizer: minha casa.

Todos os móveis, louças, lençóis, tudo da casa havia sido dado por alguém. O dinheiro era curto; no café da manhã, biscoito sem manteiga, mas o astral sempre altíssimo. Dois atores em início de carreira no Rio de Janeiro, expandindo amizades e conexões, um ajudando muito o outro.

A viagem encantada, peça que eu havia escrito no pequeno escritório onde trabalhei, finalmente foi montada no Teatro da Cidade, e também marcou como a primeira direção de Dedé. Um belo trabalho que, por um bom período, nos sustentou. Estávamos sempre focados em alguma coisa, Dedé virou assistente de Ricardo Kosovski no Tablado, garantindo um pequeno fixo, e o resto ia surgindo.

Eu cozinhava. Aprendi a fazer pavê de uva e achei que podia ganhar algum extra se vendesse. Mas a minha estratégia de marketing não podia ser pior.

Resolvi vender o pavê onde? Na academia de ginástica. Deixei o pavê lá de manhã toda feliz, no fim do dia voltei animadíssima para recolher o dindim... e nem uma fatia havia sido vendida! Que peninha! Mas quem numa academia vai comer pavê de uva, maluca? Voltei com o doce inteiro para casa e comi sozinha, fazer o quê?

Naquele período fui garçonete no Alface's, restaurante badalado no Jardim Botânico. Fabiana Egrejas, hoje uma grande diretora de arte e a quem sou supergrata, me passou a vaga. Como eu adorava aquele lugar. Vivia lotado, gente jovem, saladas deliciosas. Uma das minhas diversões preferidas era ficar imaginando, só pelo jeito da pessoa, qual salada ela iria pedir. Meus amigos, meus patrões, eram maravilhosos. Foi no Alface's que conheci os bastidores de um restaurante e como trabalha a galera na cozinha. Ensinei às minhas filhas:

— Sempre que pedirem algo em um restaurante, olhem para o garçom. Agradeçam o prato. Não tratem o garçom como se ele fosse invisível. Não peçam as coisas de forma picada, peçam tudo de uma vez. Comeu, vai embora. E deixe gorjeta.

Quando deixavam gorjeta, mais os 10% pagos direto na conta, era uma beleza. Passei a ter sempre dinheiro na carteira, me sentia milionária.

As coisas fluíam para mim e Dedé sempre, de um jeito ou de outro. Não faltava nada, porque não havia mau humor nem considerávamos nada pouco.

***

A carreira no Tablado avançava, e eu passaria, pela primeira vez, em um teste para autores e roteiristas da Globo. Foi o Dedé que leu, nos jornais, que a emissora iria oferecer uma oficina para novos roteiristas, a partir das melhores adaptações de "Cantiga de esponsais", um texto de Machado de Assis. Ele insistiu para que eu participasse e resolvi tentar — só que eu ainda escrevia de forma improvisada, como falava, sem pontuação ou formato de roteiro, na minha máquina de escrever Hermes Baby. Cláudio MacDowell, autor que Domingos havia me apresentado, foi quem me mostrou um roteiro adequado e ensinou:

— Lolô, a gente não sai escrevendo direto assim, não. É preciso dividir da seguinte maneira: aqui em cima fica a rubrica...

Assim foi meu curso de formatação de roteiro, uma tarde na minha casa. Aprendi que nas rubricas indicamos o que está acontecendo na cena, depois colocamos o nome dos personagens e só em seguida as falas de cada um. Antes escrevia tudo junto e misturado. Eu tinha as ideias, mas não imaginava como organizá-las. Depois da aula tão valiosa do Cláudio, segui em frente, mas sem alimentar muitas fantasias, na verdade, depois das investidas sem sucesso na Globo.

"Por que você me tirou da Bahia, Senhor?" Era o que eu me perguntava, chorando, quando descia a rua Lopes Quintas, no Jardim Botânico, saindo da emissora. Parecia uma provação. Sabia de um teste, corria para fazer e não passava, vezes seguidas, desde que cheguei ao Rio e até durante o período em que já estava com sucesso no Tablado.

Meses depois do envio do material, entretanto, em fevereiro de 1991, recebo um telegrama. Era da Globo, e das 640 pessoas de todo o Brasil que mandaram adaptações do texto de Machado, apenas 24 foram selecionadas, e eu estava entre elas! Seguindo para a reunião na emissora, dias depois, eu conheceria roteiristas e escritores que comandavam o processo de seleção e já eram ícones na minha educação profissional, como Luiz Carlos Maciel e Flavio de Campos.

Diante daqueles astros eu ficava um pouco tímida, mas estava decidida a chamar atenção e me entreguei ao processo. Estávamos todos os 24 sentados em círculo dentro de uma sala, e ali, um por um se apresentou. Quando levantei a mão e Flavio me deu a palavra, comecei:

— Sou Heloisa...

Ele me interrompeu na hora:

— Ah, sabia que era você. Posso falar de você rapidinho?

Fiquei surpresa, mas concordei.

— Essa menina é uma escritora nata! Fiquei muito bem impressionado com o texto dela. Você tem que canalizar o seu talento, Heloisa, ou pode acabar como alguns amigos meus, no Baixo Gávea, cheirando cocaína.

— Prefiro canalizar meu talento.

Todo mundo riu. E ele continuou:

— E o que me chamou atenção é que, além de tudo, ela escreve mexe com "ch".

— Mas você não mexe como eu mexo — respondi num ímpeto.

A sala toda começou a rir mais ainda, e aí me apresentei. Terminada a entrevista, pediram que a gente escrevesse uma cena durante o próprio encontro. Muita gente reclamou, não é fácil mesmo elaborar um texto em pouco tempo, mas vamos lá.

Deixei o santo baixar, pensando no que diria se tivesse que contar histórias para a minha turma de amigos na Bahia, e assim fui escrevendo o que falaria para eles — deu certo. Escrevi o único texto de comédia do grupo, ficando entre os oito autores escolhidos para participar da oficina de roteiristas.

Mesmo nos separando em 1992, eu e Dedé continuamos grandes amigos, e naquele ano Aldine Müller me levaria para conhecer Chico Anysio. Eles haviam terminado um namoro pouco tempo antes, e, vendo o que eu escrevia, ela me incentivou a mostrar meus textos para ele. Minha irmã Clarisse tinha comprado uma cobertura no mesmo prédio onde Aldine morava e me deixou morar lá depois da separação. Minha irmã e meu cunhado foram dois anjos na minha vida. Estava sem um tostão no bolso, mas vivia em uma cobertura na Barra. Ninguém entendia, deviam achar que eu traficava drogas.

Fomos bem cedo para o estúdio do Renato Aragão, onde era gravada a *Escolinha do Professor Raimundo*, lá mesmo na Barra. Só não contava que naquele dia também iria conhecer o meu segundo marido. Esperando na sala dos atores, revisando o que eu havia reunido alguns dias antes, ouço a porta abrir e uma voz dizer:

— Bom dia.

Levantei o olhar e era o Lug, filho do Chico. Na hora, senti no meu coração: vou casar! E olha que quem entrou na sala não era o Brad Pitt, não, mas o Seu Boneco, com barrigão e tudo. Respondi "bom dia" e continuei de cabeça baixa.

Tom Cavalcante entrou na sala também, os dois começaram a falar um monte de besteira. Senti vontade de rir, mas ao mesmo tempo não queria dar ousadia a eles, como se fala na Bahia, para não pensarem que eu estava pensando em me inserir na conversa. Então continuei revisando o texto até ser chamada para ir à sala de maquiagem, onde estava Chico, monstro sagrado e gentil.

Folheando os textos, muito atento, ele disse que iria ler, sim, com prazer, e ainda perguntou se poderia me pedir para escrever algo novo. Claro, eu seguia à disposição — energizada pelo sucesso no teatro, também sonhava em trabalhar com o gênio na TV.

Indo embora, encontrei Lug de novo, já entrando para gravar no estúdio. Ainda conversamos mais um pouco e o convidei para assistir à peça infantil que eu estava fazendo, *Um peixe fora d'água*. Ele disse que iria levar os filhos, Paulinha e Miguel, dupla que hoje amo de paixão, meus primeiros filhos.

Logo que chegou em casa, Aldine me ligou dizendo que Lug teria ficado encantado comigo — mas demoraria até que nos encontrássemos novamente. Cheguei a pensar que minha intuição poderia ter falhado, mas a certeza era tão forte que não alimentei qualquer dúvida. Continuei com zero ansiedade para me aproximar dele. Sabia que não precisaria provocar nada, tinha absoluta convicção de que no momento certo iríamos nos encontrar de novo.

Lembro que fui à Mesbla com minha mãe, onde uma campanha comercial exibia fotos do Chico Anysio, e eu apontei:

— Olha lá o meu futuro sogro.

Ela balançou a cabeça:

— Minha filha, você nem sabe se o rapaz vai gostar de você!

— Mamãe, você não está entendendo, vou casar com ele!

Eu me via morando com Lug em uma casa com vista para a Pedra da Gávea. E foi exatamente o que aconteceu. Naquele dia com minha mãe, vi uns copos coloridos e assegurei: "Esses vão ser usados na minha casa com o Lug." E foram.

Até que no final de março, Aldine me liga:

— Lolô, você não sabe quem pediu seu telefone: Lug! Posso dar?

Tinha chegado a hora. Ao chegar em casa tarde da noite, depois de um ensaio, encontrei um recado dele na secretária eletrônica. Logo que conseguimos marcar, meses depois do nosso primeiro encontro, foi a vez de Lug me olhar e ter a certeza: "Vou casar com ela." E daí ficamos dez anos juntos.

Lug foi o homem que entrou na minha vida para me dar norte, tônus, para eu aprender a dar e ter limites. E coincidentemente passou toda a "década do casulo" comigo. Em nosso relacionamento não havia meio-termo, era oito ou oitenta. Ou estávamos ótimos, rindo, nos divertindo a valer, ou péssimos. As pessoas ficavam receosas de perguntar pelo outro quando encontravam um dos dois, em algum lugar. Podia ser que tivéssemos terminado mais uma vez. Até que um dia, como em um salto quântico, nossa vida mudou — resolvemos casar, morar juntos e tudo foi para os eixos.

Com Lug, vivi um casamento completamente diferente do que tivera com Dedé. Saí de uma relação quentinha, gostosa, terna e fui parar em outra bem distinta. Foi um choque. Tudo era diverso. Até o fato de ele já ter filhos e eu ainda ter uma cabeça de filha. Até as crianças percebiam isso, como da vez em que decidimos viajar e o Lug comentou:

— Reservei dois quartos, um perto do outro, e disse que somos dois adultos e duas crianças.

E Miguel, que na época tinha apenas 5 anos, corrigiu:

— Não, pai, são três crianças e um adulto.

— Quem é a terceira criança?

— A Lolô.

Lug achou que Mig estava vendo assombração, mas não, o pequeno só sentira minha energia.

Viajamos muito. Fui madrasta pela primeira vez, ou melhor, *boadrasta*, pois sempre amei meus enteados, que considero como filhos. Com Lug, tive minha primeira filha, Luisa. Isso valeu todo nosso casamento. Quando me separei dele só me lembrava do Chico, quando me disse:

— É assim mesmo, Lolô, de um casamento errado nasce um filho certo.

Nada foi tão acertado como o nascimento de Luisa, embora não considere nosso casamento errado: fomos o que pudemos ou o que soubemos ser um para o outro. E está tudo certo. Nossa filha é maravilhosa e esse elo teremos para sempre — sou grata e feliz por ele ter contribuído para que Luisa viesse ao mundo. Não tenho palavras para agradecê-lo.

Programei Luisa para ser o presente de 42 anos de Lug. Para ela nascer em junho, eu deveria engravidar em setembro. Naquela época estávamos morando nos Estados Unidos. Uma amiga me ligou e contou que estava grávida, eu fiquei enlouquecida. A partir daí não conseguia pensar em outra coisa que não fosse engravidar. Isso em abril. Os meses se passaram e nada de eu engravidar. Comecei a me desesperar. Em agosto fizemos mais uma tentativa e, quando menstruei, quase morri. Fiquei arrasada, chorando.

— Não vou engravidar mais, nunca mais vou engravidar!

Lug me segurou, me olhou fundo nos olhos e disse:

— Você não disse que ia engravidar em setembro? Então, você vai engravidar em setembro.

Lug sempre foi seguro e assertivo, me ensinou isso. Não deu outra, engravidei em setembro. Ele só pediu que eu não marcasse a cesariana para o dia 15 de junho, que é o aniversário dele — se fosse para nascer naquela data, que acontecesse naturalmente. Dia 15 ela não nasceu, mas o médico achou melhor definirmos a cesariana, já que eu estava com 40 semanas de gravidez.

Cravamos dia 19 (aniversário de Mauro, com quem me casaria anos depois). Mas quem estava chegando era Luisa, aquela que não seria bolinho! Quando ela se livrou de nascer no dia do pai e se viu jogada para dividir aniversário com o futuro padrasto, decidiu: nem um nem outro. E no dia 17 de madrugada, espontaneamente, a bolsa estourou e a menina ficou com o dia de aniversário só para ela.

No início do ano 2000 se daria o fim de meu casamento com Lug. *Cócegas*, a peça que faria com Ingrid Guimarães, estava decolando, junto com Tati — o personagem mais falado da *Escolinha do Professor Raimundo*. Profissão a mil, como sempre sonhei, uma filha pequena e o casamento no fim, tudo acontecendo ao mesmo tempo.

No meio desse vendaval, pelas ruas da Gávea, reencontro Mauro Farias, que seria meu terceiro marido. Já havíamos trabalhado juntos em uma edição do *Você Decide*, programa da Globo, em 1995. Falamos rapidamente, ele morava no mesmo prédio da tia Lúcia. Naquele reencontro, mencionamos o sucesso da peça, e acabei convidando-o para ver *Cócegas* no fim de semana.

Ele foi, e quando acabou a sessão me esperou no foyer do teatro. Conversamos um pouco; eu estava indo para o aniversário de Mônica Martelli e perguntei se ele queria ir junto, já esperando que a resposta fosse negativa, pois sabia que ele era casado. Qual não foi minha surpresa quando ele disse:

— Quero.

— Quer?

— Quero.

— Ah... então, tá. Vamos.

Saímos juntos; no caminho, ele contou que estava se separando, e eu disse que já estava separada. Passamos a festa inteira conversando, e no final da noite pensei: "Quero ter ele como meu par." Foi o que desejei realmente. Eu vinha de um casamento que tivera um término conturbado, ele também havia sido casado por 18 anos, na minha cabeça não era hora de ninguém ficar com ninguém.

Eu queria aproveitar a vida. Passei a vida casando. Sou "casadoira", aquele tipo que termina com um e já está com outro, e não queria repetir a mesma história. Até porque estava trabalhando muito. Ingrid tinha adorado essa decisão, concordava comigo, ela e todas as minhas amigas achavam que era hora de eu curtir mesmo, colher os frutos do meu plantio, finalmente livre, leve e solta. Estava ganhando dinheiro, supercontratada, o teatro vendido com dois meses de antecedência, tudo certo.

Mas como eu digo sempre: "O homem faz planos, mas a palavra final é de Deus." Decidira que Mauro seria a pessoa com quem eu iria sair, jantar, conversar. Ele me contaria as transas dele, eu daria palpites, nos divertiríamos juntos. E se dali a alguns anos fôssemos ter algo além... aí, quem sabe?

Dias depois, ele foi novamente assistir *Cócegas*, no mesmo fim de semana em que eu combinara de sair com um sujeito que estava vindo de São Paulo para me conhecer. Como não sabia se o cara era legal ou chato, reuni uma grande mesa num japonês do Shopping da Gávea, incluindo Maurinho. Acabando o jantar, eu iria dormir na minha tia, e ele disse que me acompanharia até lá, afinal era seu destino também. Me despedi do paulista e segui com Mauro. Quando chegamos na portaria do prédio, ele comentou:

— Aqui é minha produtora, estou morando lá.

Mauro vivia uma fase diametralmente oposta à minha. Parecia ter saído de um triturador, até porque não é fácil separar-se de um casamento de quase 20 anos. Ninguém sai de uma relação assim impunemente. Como a companhia dele era maravilhosa, e tinha decidido que ele seria meu par, concordei:

— Vamos.

Na minha cabeça era tão certo, mas tão certo que não teríamos nada, que ele seria como um irmão, amigo, primo, que me senti muito à vontade para lhe falar de meus planos:

— Sabe o que é, Maurinho? Agora decidi que vou ser galinha, a hora é essa! Estou superbem, fiquei muitos anos casada, agora eu vou pegar geral.

Ele estava sentado em uma cadeira na minha frente, e eu na cama improvisada onde ele estava dormindo. Depois desse estranho discurso, que na cabeça

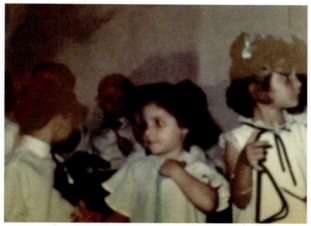

1. Tocando triângulo, na bandinha do Instituto Fernando Rocio. Sou a do lado direito da foto, com laço no cabelo.

2. Em pé à direita, no colégio Anchieta, em Salvador. Na minha frente, com fita no cabelo, a amiga Clarissa Mathias.

3. Meus pais, na praia de Itacimirim, na Bahia, anos 1980.

4. Com Bruno Mazzeo e Bernardo Jablonski, no Rio de Janeiro, anos 1990.

5. No palco do Tablado, à esquerda, como a dra. Yasmin Robalo, na peça *Advocacia segundo os irmãos Marx*, em 1992.

6. Na peça *Os impagáveis*, no teatro Glaucio Gil, em 1996.

7. Com meus irmãos: Patu, de blusa azul; Lilice, de rosa, na frente; eu e o Pai Novo sendo abraçados por Cristina.

8. Um jantar com Maria Adelaide Amaral, em São Paulo.

9. Com Kitty, a dra. Cristiane Cobas, minha amiga desde a adolescência, junto a Alex Lerner e Kleber Tami, no Ceuzinho, no Rio de Janeiro.

10. Com Lucinho Mauro, durante a minha rápida passagem no Rio enquanto estava fazendo tratamento em São Paulo, em 2019.

11. Com Monica Bretas, minha fonoterapeuta.

12. Abraçada a Maurinho, no fim da primeira semana de tratamento.

13. Da esquerda para a direita, Maria Clara Gueiros, a Clarinha, Claudia Raia e Ingrid Guimarães.

14. No abraço de Tontom, em uma das visitas que me fez durante o tratamento em São Paulo.

15. Com as amigas Reka Koves, à esquerda, e Tidy Leão, em pé, e minha filha Luisa, à direita.

16. Com dr. Fernando Arruda, no hospital.

17. Com Marcela Altberg e Fábio Assunção, entre os amigos que foram me visitar em São Paulo durante o tratamento.

18. Com Mônica Martelli e Fernando Alterio.

19. Com Marcelo Serrado e Cristina Lara Resende.

20. Com Monique Gardenberg, à esquerda, Bia Aydar e Claudia Cozer.

21. Entre Clarinha e Kitty, à esquerda; e Ana Madalena e Marcinha Martins, à direita.

22. Com dr. Gilberto Castro e equipe no hospital. Maurinho ao meu lado.

23. Com Luis Miranda, também nas visitas durante o tratamento em São Paulo.

24. Entre Clarinha e Luciana Fregolente.

25. Celebrando o final da quinta sessão de quimioterapia, com Renata Chuquer, Luciana Duque e Ícaro Amado, à esquerda, Luisa sentada ao meu lado na cama e Monica Bretas à direita.

26. Na casa de Paulo Gustavo, com Ingrid, no final do tratamento, em 2019.

27. Com amigos em um restaurante em São Paulo, da esquerda para a direita: Paula Marinho, Miguel Pinto Guimarães, Cris Lara Resende, Denise Barcelos, Alaysinha Ribas, Clarinha, José Augusto Novaes e Fernando do Val.

28. Com a amiga Andrea Galvão.

29. Saindo da última sessão de quimioterapia, com Luciana Duque, em foto de Renata Chuquer.

dele parecia um sinal verde, afinal estavam os dois sozinhos em um apartamento e eu explanando como me comportaria dali para frente, Mauro deu um salto de onde estava, caiu do meu lado e disse:

— Começa comigo.

Fiquei muda e estática. E sem saber como agir diante daquela atitude, só consegui dizer:

— Vamos marcar.

E fui embora. No outro dia, não falei com ele o dia inteiro. Fiz peça e na sequência saí com o paulista, que era um amor, mas... já estava com Maurinho na cabeça e no coração. Só pensava nele, nem ouvia mais o que o outro falava. Eram umas três e meia da manhã quando ele me deixou na casa da minha tia, onde pedi para ficar. Logo que me despedi, já peguei meu celular e liguei para Mauro, que acordou superassustado.

— Alô, quem é?

— Oi, Maurinho, Lolô, tudo bem? — Como se fossem três da tarde... — Tava dormindo?

— Claro, são três e meia da manhã, você não me ligou o dia inteiro... Onde você está?

— Tô aqui embaixo.

— Sobe.

Subi e nunca mais desci. A minha solteirice não durou nada! Estou galinhando com Maurinho há 22 anos... E pelo visto vamos ficar juntos pelo menos mais 22... mil!

ATRÁS DA MOITA

Vez ou outra uma taquicardia. A respiração acelerada. Desde a primeira crise de pânico, em 1987, nunca mais aquela sensação me deixou. Parecia que eu convivia com um monstro, do tipo que pode atacar a qualquer instante, escondido atrás da moita. Em 1993, os sintomas se intensificaram. Sem ter a menor ideia do que era, de onde vinha, não me tratava. E como a sensação acabava passando, eu ficava orando, meu Deus, para que tivesse sido a última vez... Mas não era, voltava, de surpresa, em outra situação, e eu de novo não saberia dizer por que estava me sentindo daquele jeito.

A pergunta certa teria sido: qual foi o gatilho? Muito angustiante. Depois de um tempo, você começa a ficar mais tensa, porque, além de não saber a que horas aconteceria, também em qualquer lugar pode ser surpreendida. O mundo começa a encolher. Fiquei sem conseguir fazer aula de ginástica em grupo, depois não pegava ônibus sozinha, passei a não sair mais sozinha... Sem tomar consciência do que podia estar acontecendo.

Na minha cabeça, eu só queria uma companhia, mas a verdade é que não conseguia ficar sozinha. Disparava o tal gatilho e aí começava a taquicardia, boca seca, sensação de desmaio. Parei de frequentar a academia. E era sofrido para mim, porque eu amava, mas não conseguia mais fazer aula em grupo, só bicicleta ergométrica e musculação.

Em 1993, a depressão se instalou. Havia perdido uma tia para a aids e um tio para o câncer quase na mesma semana. A morte de alguém próximo pode desencadear esse processo. Fiquei mal com as notícias, mas não podia imaginar como isso me afetaria realmente. Em um final de semana na fazenda com amigos, levei uma picada de um bicho. Como consequência, apareceram algumas pintas vermelhas perto da axila, e aquilo me desestruturou. Achei na hora que pudesse ser algo muito sério. A partir dali foi uma descida de ladeira.

Como havia parado de comer açúcar e o único exercício que conseguia fazer era a bicicleta ergométrica, eu pedalava por horas e comecei a emagrecer muito. Estava com o corpo lindo, e a cabeça mais parecia um patê. Quando as pessoas se viravam para mim e comentavam: "Nossa, Lolô, como você está magrinha...", eu queria morrer, embora tivesse passado a vida inteira querendo escutar isso.

Minha cabeça girava em *looping* e o dia todo só conseguia pensar: E se eu estiver doente? Será que estou? Por que tão magrinha? Eu nunca fui magrinha. Tem alguma coisa errada comigo. Imaginava o que as pessoas iriam dizer quando soubessem da minha morte: "Tadinha de Lolô, nossa, morreu tão cedo." E me desesperava com a história que estava inventando. Era aterrorizador. Não tinha com quem falar. Como sempre fui muito palhaça, achavam que eu estava de zoação quando tentava me expressar a respeito. Era confuso até para mim.

Naquela época, uma funcionária que trabalhava na casa da minha irmã estava passando por uma forte depressão também, tinha perdido o pai e, apesar de já ter sido medicada, ainda estava péssima. Ione foi a única que conseguiu me entender. Um dia, ela me pegou olhando pela janela na casa da minha irmã, que morava no décimo sexto andar. Perguntou o que eu estava pensando:

— Tá vendo aquela mulher lá no ponto de ônibus? Eu queria ser ela. Fico imaginando que ela deva ser saudável e feliz.

Ione fazia isso também diversas vezes por dia — chegar perto da janela, olhar qualquer um e desejar ser aquela pessoa. Sua cabeça vivia em *looping* igual a minha e foi um alívio conversar com alguém que finalmente entendeu o que eu sentia. Ela percebeu que eu estava falando sério.

Assim, minha tia Teny, irmã de mamãe que também convivera com depressão a vida inteira, percebeu a gravidade da situação:

— Lolô precisa se tratar.

Tia Teny me levou ao psiquiatra com quem ela havia se tratado, mas ali começava a segunda parte da saga: acertar o médico, acertar o remédio e a dose. Quando entrei no consultório, já achei estranhas as fotos dos porta-retratos. A gente normalmente escolhe as fotografias mais bonitas, onde todo mundo está bem, né? Lá não. Nas fotos do casamento, as pessoas em volta do bolo pareciam estar ao redor de um caixão. Todo mundo com cara de enterro. Era uma coisa bizarra, nunca esqueci.

Em outro porta-retrato, estavam todos abraçados, mas pareciam chateadíssimos por estarem ali. Fiquei pensando quem havia dado o ok para colocarem aquelas imagens na sala. Cheguei a ficar na dúvida se o que eu via era verdade mesmo ou se meu olhar estaria contaminado pelo estado de espírito, mas enfim...

Ele entrou. O psiquiatra tinha vários tiques, piscava muito e tremia a mão. Comecei a achar que as fotos faziam sentido. Ele me pediu que eu explicasse o que sentia. Falei sobre o pânico ao pensar que podia estar gravemente doente, que eu estava emagrecendo, não conseguia dormir e minha cabeça não parava de pensar em doença um só segundo, quando ele disse:

— Você está passando por um processo fóbico hipocondríaco.

E contou a história de uma mulher que foi procurá-lo porque estava obcecada, com medo de perder o filho. Ela já não saía de casa, não deixava o filho sair. Resumindo, ele a medicou, ela ficou boa, deu tudo certo. Pensei que a história acabaria aí, mas completou:

— Mais tarde ela realmente veio a perder o filho...

Fiquei apavorada! Não acreditei no que tinha ouvido. Minha cabeça já frágil só elucubrou assim: vou me tratar, vou ficar bem, mas depois de um tempo quando estiver curada, ficarei doente? Será que foi isso que ele quis dizer?

Acabei não conseguindo me acertar com os remédios que ele me passou — na verdade, piorei. Só me deixaram mais nervosa, sem sono, eu não conseguia me aceitar tomando tarja preta, voltei à estaca zero. E ainda mais desesperançosa.

Insisto para que apuremos nossos olhares quando estivermos naquelas fases mais desafiadoras. Acredito firmemente que grandes coisas possam surgir em tais momentos. Foi naquela época que Jesus de fato entrou na minha vida.

Hoje não só há graça nisso, porque a graça não é algo, não é o quê — a graça é quem, é Jesus, como veio com muita graça mesmo naquele encontro. A máxima de Groucho Marx se aplicou como luva: "Tragédia mais tempo é igual à comédia." Para uma comediante, então, nem se fala.

Mesmo péssima, eu continuava trabalhando. Estava fazendo uma peça no Tablado, chamada *O inimigo*, de Rubem Fonseca, com direção de Bernardo Jablonski. Só Deus sabe como eu conseguia. Aqui declaro mais uma vez meu amor sem fim por Clarinha, a Maria Clara Gueiros, também atuando nessa montagem e que, sabendo do meu estado, ficava sempre de mãos dadas comigo na coxia antes de eu entrar em cena.

— Hoje eu não vou conseguir. — Eu tremia.

— Vai sim, vai sim. Você sempre conseguiu — respondia ela.

Minha hora estava chegando, era inevitável. Clarinha me olhava:

— Vai.

Eu entrava, e só Deus mesmo para explicar. Era tomada pelo espírito do teatro, fazia a cena, as pessoas morriam de rir, e internamente eu me perguntava: *Estão rindo de quê?* Só sei que riam. Quando eu saía de cena, ela me segurava de novo e eu tremia mais que vara verde. Até minha próxima entrada...

Assim eram os bastidores de *O inimigo*, mas minha situação só vinha piorando. Agora começava a não sentir fome. Não conseguia mais comer. Tudo tinha gosto de isopor. Me forçava para poder ficar em pé, até que um dia, saindo da casa de minha irmã, olho para o chão e vejo um cartão perto da porta. Nele estava escrito: "Jesus te ama." Com um telefone.

Estava tão perturbada que não pensei duas vezes, voltei para a casa da minha irmã e liguei para o número do cartão. Uma moça atendeu, expliquei rápido o que estava passando e ela disse:

— Me diga onde você está, vou passar aí para te pegar, teremos uma reunião de oração em quinze minutos.

Sem conhecer a mulher nem saber do que se tratava a reunião, passei o endereço onde estava e desci. Entrei no carro da desconhecida; se a mulher fizesse tráfico humano eu seria a próxima vítima, nem perguntei o nome dela. Em pouco tempo, chegamos a uma casa, onde já se reuniam várias pessoas. Ela era conhecida de todos e logo me apresentou:

— Gente, Heloisa me procurou, ela está passando por um momento difícil e hoje vamos orar por ela.

As pessoas foram supersolícitas, falaram comigo e na sequência começaram a se preparar para a oração. Uma moça se aproximou de mim e conversarmos mais intimamente. Ela me perguntou o que estava acontecendo:

— Acho que estou com depressão.

— Por que você acha isso?

— Estou muito angustiada, não consigo dormir, agora já nem consigo comer.

— Você faz o quê?

— Eu sou atriz.

Como ainda não atuava muito em televisão, não era um rosto conhecido, mas ela pareceu feliz ao saber:

— Olha, você é atriz. Que legal. E no que está trabalhando agora?

— Eu faço mais teatro por enquanto.

— Eu amo teatro. Que ótimo. E você está com alguma peça em cartaz?

— Sim, estou fazendo uma peça no Teatro Tablado, você conhece? Ali no Jardim Botânico?

— Sim, claro. Qual o nome da peça?

— *O inimigo*.

Pra quê? Mal falei e os olhos da mulher arregalaram, quase pularam das órbitas, e ela começou a gritar:

— Gente, gente...

As pessoas todas pararam e olharam para nós. Eu não sabia o que tinha dito, mas já senti o cabelo da nuca arrepiar.

— Agora eu estou entendendo! Claro que essa menina está deprimida, adivinhem o nome da peça que ela está fazendo? *O inimigo*!

Não tive chance ou força de dizer que era *O inimigo* de Rubem Fonseca. As pessoas começaram a gritar: "Em nome de Jesus!", "O sangue de Jesus tem poder!". Fui ficando apavorada até que uma moça chegou perto de mim no meio da gritaria e perguntou:

— Heloisa, você aceita Jesus como seu Salvador? Você confessaria isso para nós aqui?

Ela me perguntou baixinho, no meio daquele rebuliço todo. Estava tão apavorada que aceitaria o que me pedissem. Mal sabia que estaria fazendo ali, naquela confusão, a confissão mais importante da minha vida. Entregando minha vida a Cristo.

— Sim, sim, confesso. Pode avisar para todo mundo aí.

— Gente, gente! Parem. Heloisa quer confessar Jesus como seu Salvador.

O silêncio foi quase instantâneo. Ela falava e eu repetia:

— Eu confesso com minha boca e com meu coração que Jesus Cristo é meu único Salvador. Eu acredito que o Senhor o ressuscitou dos mortos. E que Ele está sentado à direita de Deus. Eu e a minha casa servimos ao Senhor.

Todos comemoraram muito, mas eu só queria correr dali e não voltar nunca mais, e foi o que eu fiz.

O que eu havia confessado naquela tarde, só compreenderia profundamente alguns anos depois, mas naquele momento Ele colocou sua mão poderosa sobre mim. E como Ele mesmo falou: "Todos os que me forem dados, jamais serão perdidos", assim fez comigo e no momento certo nos encontraríamos para sempre.

A depressão só foi controlada quando conheci o doutor Camargo. Eu continuava convivendo com esse sofrimento e já frequentava o Frei Luiz, que era um centro espírita conhecido na cidade. Lá, acabei conhecendo o doutor Camargo, médico homeopata com quem consegui me tratar.

Essa frase é um dos meus lemas: "A saída é para dentro." Durante o tratamento experimentei muitas vezes isso. Vi que o mundo está dentro da gente mesmo. As coisas que acreditamos ver fora de nós estão dentro da nossa cabeça. É lá onde tudo acontece. As ligações, as sinapses.

Quando fiz a radioterapia, ao longo das sessões, fui perdendo o paladar. Em determinado momento, eu já não sentia sabor de nada. É um período difícil, porque você não pode parar de comer, precisa estar forte, mas como não sente gosto, não consegue sentir o menor apetite. Mas eu me forçava! Eu sou excelente paciente. Tem que comer, eu como, não tem que comer, evito; sou obediente, sigo tudo à risca.

Eu estava diante de um prato de macarrão com trufas, que é uma das comidas que eu mais amo, mas me sentia completamente indiferente. Por mais que dissessem "Nossa, que delícia!", para mim não adiantava nada, minhas papilas gustativas não estavam funcionando... Até que descobri o que podia fazer: comer com a memória! Imaginando, lembrando como era o gosto de um delicioso macarrão com trufas. Foi a saída que encontrei. Um estímulo que criei para despertar algum desejo e comer mesmo sem sentir o gosto.

A saída é para dentro. Receberia meu diagnóstico anos depois, mas de uma forma tão tranquila que as pessoas chegam a achar que é mentira. Na depressão, a sua cabeça se torna sua pior inimiga. Por isso não economizo em dizer: cuidem da cabeça.

CHICO

Dois mestres com quem tive a bênção e o prazer de conviver por muito tempo foram Maria Clara Machado e Chico Anysio. Ambos arianos. O jeito é o mesmo: impulsivo, rápido, realizador e principalmente direto. Não costumam dar tempo para você pensar. Não há rodeios nem meio-termo, quando gosta, gosta, quando não gosta, tchau.

Conhecer Chico foi a realização de um sonho, mas como minha autoestima àquela altura era pequenininha, não conseguia nem ficar muito tempo perto dele. Me encolhia, me sentia *micra*. Uma súbita e inexplicável timidez vinha sendo uma característica minha, desmentindo todo mundo que me via no palco e levava para fazer um teste. A pessoa chegava toda animada:

— Ela é hilária!

Me colocavam para fazer o teste e eu ficava muda, com cara de bunda. Não conseguia dizer "ah". A pessoa que tinha me levado ficava muito sem graça e a que estava me recebendo não entendia nada:

— Onde você viu graça nela? Ela não tem graça nenhuma.

Era reprovada no teste e descia a rua Lopes Quintas aos prantos. Não foi um nem dois, foram vários. Mesmo depois do sucesso da peça no Tablado eu não passava, era impressionante. Fui fazer teste para a novela *Vamp*. Lá estavam Selton Mello, Flávio Silvino, uma galera que estava começando. Foi Carlos Wilson, o Damião, professor do Tablado super-respeitado, quem me levou. Era certo de eu entrar. Estava sendo esperada. Cheguei tremendo. Ouvi Damião falar para o Antônio Calmon, autor da novela, que estava pessoalmente fazendo o teste:

— É ela.

Aí que eu travei mesmo. Fui para a frente da câmera. Pediram só para eu falar um pouco de mim. Ser eu, já estava bom. Fui para a frente da câmera e não consegui dizer nada, todos me olhando. Até que Calmon falou:

— Roda.

Eu fiquei olhando e perguntei:

— Pra direita ou pra esquerda?

— Roda VT — respondeu ele.

Todos começaram a rir, eu não consegui fazer mais nada, e claro que não passei.

Chico sabia que eu era engraçada, porque o Manga já havia contado a ele. Carlos Manga, diretor e roteirista, era pai da Paula, amiga com quem eu tinha morado alguns anos antes. Ele me chamava de "Dercyzinha". Com os dois eu me sentia à vontade, conseguia ficar solta, mas na presença do Chico eu travava. E como meu namoro com Lug era muito inconstante, só alguns anos depois de conhecê-lo é que fui me aproximar mesmo, quando Chico dirigiu a primeira peça adulta que escrevi, em 1995. Ali ele me descobriu de verdade. Morria de rir comigo e ficamos muito próximos.

No ano seguinte participei de seu programa, *Chico Total*, junto a Ingrid Guimarães, Mônica Martelli, Alexandra Richter, Dedé, Alice Borges, Luiz Carlos Tourinho, um elenco enorme de novos comediantes. Conviver com Chico era uma aula diária. Paternal, debochado, carinhoso, dono de uma sedução absurda. A mãe dele contava que, no dia em que Chico nasceu, a árvore ao lado da casa deles, em Maranguape, no Ceará, se encheu de passarinhos, e para ela não houve certeza maior:

— Meu filho vai ser muito feliz.

Vivia escrevendo, o tempo inteiro debruçado sobre a máquina portátil, a cabeça dele não parava. Contava história como ninguém e todas as histórias que ele ouvia, quando recontava, ficavam muito melhores. Encarava a vida sempre como um mar de possibilidades.

Nada era pequeno para Chico, qualquer fagulha explodia em sua imaginação. Tudo era importante, podia acrescentar, valia a pena. Aprendi muitas coisas com ele. Foi ele que me ensinou que dinheiro não aceita desaforo:

— Se uma moeda de dez centavos cair no chão, volte e pegue, como se fossem dez mil reais.

"Você pode ser qualquer coisa na vida", é o que repetia, "só seja o melhor, não pode ser bosta n'água sem destino, tem que estar em cima dos cascos." Quando estava se casando pela sexta vez, enquanto o padre dava um sermão sobre casamento, na hora pensou: *Quem é esse padre para me ensinar qualquer coisa sobre casamento? Ele nunca se casou! Eu estou no meu sexto, eu é que posso ensinar a ele o que é se casar!*

Para Chico não havia problema em se mudar, de casa, de casamento. Era igual a mim nesse ponto. Amava uma mudança e amava uma obra. Mas amava mesmo. Chico me contou que chegou ao cúmulo de se mudar para uma casa onde nem nunca morou. Não deu tempo. Mandou os móveis todos para lá, e foi fazer um show, não tinha conhecido a casa. Na época era casado com Rose Rondelli. Rose chegou na casa antes e não gostou. Falou com ele, Chico apenas respondeu:

— Vamos embora, então.

Levantaram acampamento e foram para outro lugar. Nizo, filho de Chico com a Rose, me contou certa vez que o pai fechou uma janela que havia em casa e abriu outra dois centímetros depois:

— Não havia a menor diferença na vista! Por que papai fez isso... ninguém nunca entendeu.

Também comprou um apartamento e colocou todas as paredes abaixo. Para vender, levantou todas de novo. Acho isso sensacional. Assim são os gênios, fazem coisas que não entendemos e às vezes nem eles entendem.

Tudo estava indo de vento em popa quando, em 1997, Chico caiu na piscina do seu sítio, em Correias, e precisou operar a boca. Os contratos dos atores do *Chico Total* foram cancelados, pois ele precisaria se ausentar do trabalho por pelo menos um ano.

Como na época estava casado com Zélia Cardoso de Mello, ela sugeriu que se mudassem para os Estados Unidos. Rodrigo e Vitória já tinham nascido, e ela gostaria que os filhos fossem criados lá, ou pelo menos passassem uma temporada fora.

Acordei num domingo, Lug me olhou e disse:

— Vamos nos mudar pra Manhattan.

Não entendi, achei que era um novo condomínio na Barra. Mas nós tínhamos acabado de comprar a casa.

— Ai, não! Mudar de novo? Onde é Manhattan?

— Em Nova York.

Aí que eu entendi:

— Dois minutos, deixa eu tomar um café.

Minha carreira avançava bravamente. Em 1996 tive a bela surpresa de ganhar o Prêmio Mambembe de melhor atriz, com a peça *Os impagáveis*, então encenada no Teatro Gláucio Gil, texto da Teresa Frota e direção de Henri Pagnoncelli.

Já era convidada para comerciais sem fazer teste, convites em várias frentes. O meu momento estava muito bom, e muita gente estranhou quando decidi ir com Lug e família para os Estados Unidos. Hoje, vejo como foi providencial aquela viagem. Quando Jesus queria conversar com Deus, ia para o deserto ou para as montanhas. Deus ali queria conversar comigo e me levou para as montanhas de Nova York.

Foi um período maravilhoso, em um lugar completamente diferente de todos onde eu já havia morado. Nós nos mudamos para Nova York, mas moramos em Hudson, nas montanhas vizinhas à cidade. Minha irmã Patu morava em Catskill, cidade também muito próxima, foi perfeito. Voltamos a conviver como costumávamos, estávamos sempre juntas. Ela frequentava uma igreja evangélica e eu comecei a ir com ela.

Aquela foi a fase em que mergulhei no Evangelho e estudei a Bíblia mais a fundo. Coloquei como meta estudar uma hora por dia e não negociava esse combinado. Eu estudava no Columbia-Greene Community College e um dia me levantei atrasada, vi no relógio que não daria tempo para a minha devocional, que é o tempo dedicado a meditar antes de começar o dia. Mas como firmara esse compromisso, decidi:

paciência, hoje eu me atraso. Estudei por uma hora completa, e me mandei para o *college*. Naquele dia o professor acabou se atrasando e, mesmo eu chegando atrasada, tivemos que esperar por ele vinte minutos.

Lug se tornou *soccer couch* — o técnico do time de futebol — do Columbia-Greene Community College, onde estudei. Só ele mesmo para conseguir isso. Quando tinha ido me matricular, pois eu queria estudar enquanto estivéssemos lá, e quando por fim acabou toda a burocracia, a diretora lhe perguntou:

— Te ajudei?

— Na verdade, você ajudou minha mulher...

— Ah, e o que posso fazer por você?

— Você não está precisando de um *soccer couch*?

— Sim, você adivinhou!

Assim que ele foi contratado. E ao saber de sua contratação, foi o próprio Pelé quem escreveu uma carta parabenizando o *college* pelo novo técnico. Ficaram todos boquiabertos. Eu nunca vi uma pessoa com uma estrela tão grande quanto o Lug.

Ele entrou para a TV, mas seu sonho era ser jogador de futebol. Jogava muito. E no *college* fez um trabalho lindo. Convocou 21 meninos do Brasil, amigos de Tiago Rodrigues, filho de Arnaud Rodrigues, que foi pra lá também, e todos gostavam de jogar bola. Com a chegada dos garotos, Lug consolidou sua posição. O Columbia-Greene Community College era a rabeta do foguete nos Estados Unidos, mas com aquele novo time passou para segundo da nação.

No mesmo *college* eu acabaria fazendo uma peça, *The Fantastics*, só Deus sabe como. E ainda como protagonista. Interpretaria o papel de Luisa, nome que daria depois ao meu bebê. Cantava e dançava em inglês, falava frases que até hoje não consigo entender o que era.

Filmei a peça toda e mostrei a Chico, pois ele estava morando em outra cidade e não conseguiu ir. Quando acabou de ver, comentou:

— Lolô, você é uma grande...

Me inflei inteira para receber o elogio! Ele tinha me visto dançar, cantar, recebi uma excelente crítica no jornal, achei que ia dizer grande atriz, quando ele completou:

— ... cara de pau.

Levei uns segundos para entender, mas a ficha caiu e eu pensei: ele tá certo! Ser uma grande cara de pau é mais que ser uma grande atriz. Para atriz há limites, mas para uma cara de pau nem o céu é limite. E rimos muito.

Aproveitamos intensamente aquele período e, quando Chico voltou em 1998, eu descobri que estava grávida e também decidimos retornar. A temporada americana cumpria seu ciclo e nós queríamos que Luisa nascesse no Brasil.

UNIVERSO PARALELO

Foi tudo perfeito, como dizem: o bebê vem com o pãozinho embaixo do braço. Voltamos em fevereiro de 1999. Fecharia o milênio lindamente, com o nascimento da minha filha e pela primeira vez assinando um contrato longo com a Globo. Chegaríamos ao Brasil empregados e eu mal sabia o salto quântico que minha vida estava prestes a dar.

Já trabalhava à distância para o programa chamado *O Belo e as Feras*, que Chico havia estreado no ano anterior. Bruno Mazzeo me encomendava textos, que eu mandava dos Estados Unidos. Na sequência, começaram a estruturar o *Zorra Total*, programa em que a *Escolinha do Professor Raimundo* passaria a ser um dos quadros fixos. Convocaram os atores, como o Lug, que era o Seu Boneco. Fui convidada para criar um personagem e integrar o elenco.

Baiana, grávida de ACM, o bebê que não nascia nunca, dona Neném foi o personagem que inventamos para que eu, também grávida, pudesse trabalhar na *Escolinha*. A cada notícia ruim, ACM desistia de vir ao mundo — e assim a barriga dela só crescia. Eu estava com um barrigão, e para compor dona Neném, ainda colocávamos uma prótese. Eu ficava gigantesca.

Em uma madrugada que ela mesma escolheu, 17 de junho de 1999, Luisa nasceu. Dez meses depois do nascimento, eu e Lug decidimos morar separados e me mudei para outro apartamento, com minha linda filha e a babá, Irene. Continuamos a nos encontrar, mas o fato é que eu estava precisando de mais espaço: quem sabe em casas separadas aumentariam as chances de continuarmos juntos?

Devia me preparar para lidar com recursos bem limitados, mas tinha aprendido com Sandra a viver com o que recebia por mês. Recém-contratada, meu salário ainda era bem modesto no início dos anos 2000. Comecei a fazer contas pensando que depois de pagar o aluguel e o salário da Irene — que chamávamos de Neni e era meu braço direito, esquerdo, perna, cabeça, e seria assim até minhas duas filhas crescerem — sobraria só para comida e gasolina. Mas isso não me assustou, sabia que a vida é feita de fases, tinha fé absoluta de que vinham mudanças para melhor.

Encontrei um apartamento pequenininho na avenida Peregrino Junior, na Barra, exatamente como havia pedido a Deus. Fui clara, detalhada, explícita em todos os detalhes:

— Senhor, preciso de um apartamento com aluguel custando mil reais, ao todo, tudo incluído, que tenha dois quartos, e o meu seja suíte. Quero uma varanda grande. Quero que seja perto da praia.

Assim era o imóvel da Peregrino — com tudo atendido, dentro das minhas possibilidades.

Eu sentia uma harmonia muito grande e lembro nitidamente quando estava indo para a Globo, pela avenida Ayrton Senna, dirigindo o meu Corsa, sem direção hidráulica, mas com ar-condicionado, comprado com meu dinheiro. E pensei que, se minha vida fosse para sempre aquela, com Luisa, Neni, num apartamento que poderia pagar sem pedir nada a ninguém, exercendo minha profissão, já estaria muito bom.

Eu me senti tão realizada pelas minhas conquistas, meu coração se encheu de gratidão divina; me senti milionária, entrei em um nirvana, dirigindo pela avenida na Barra. Ali as melhores conjunções se fizeram, porque não demorou e um novo personagem explodiria na televisão, como no teatro. Com Tati e *Cócegas*, eu começaria o novo milênio.

Eu me vi feliz no caminho. Percebi que o importante era isso. Não serei feliz quando eu chegar ao objetivo, eu já sou feliz. O caminho é mais importante e nele eu já estou. E era verdade. O caminho é o que nós temos a realizar. O objetivo já é com Deus, se ver feliz no caminho é o objetivo. E hoje tenho a certeza disso. Jesus inclusive disse: "Eu sou o caminho."

NO QUARTO DE CRIAÇÃO DE DEUS

"Cara, fala sério. Tem horas que minha cabeça sequela. É pai sem dinheiro. Mãe com dor de cotovelo. Tipo assim, a vida é feita de muitos obstáculos. Por que sou obrigada a fazer tudo que não gosto? Por que tenho que acordar cedo? Por que não posso comer tudo que eu quero? Por que tenho que ter espinhas? Fala sério, por que tenho que passar pela adolescência, por que eu nasci?"

A vida de Tati, o personagem que mudou minha trajetória, era um festival de perguntas sem respostas, inquieta como a de qualquer adolescente que se preze. Tenho certeza de que recebi a inspiração direto do quarto de criação de Deus. Nikola Tesla (1856-1943), o físico e inventor, pioneiro da energia elétrica, é que se referia a esse lugar de poderosa energia e criação. Eu confirmo. Já recebi muitas ideias, que vêm literalmente prontas, desse quarto de Deus. Dali surgiu a Tati.

Minha musa inspiradora foi Paulinha, filha do primeiro casamento de Lug, irmã mais velha de Luisa. Fui uma adolescente com todas as letras maiúsculas, e conviver com Paulinha funcionou como um perfeito laboratório. Eu me via nela. Sou 16 anos mais velha, mas nos tornamos, e ainda somos, melhores amigas. Eu saía para fazer peça no final de semana, ela ficava grudada em mim.

Paulinha sempre foi uma menina genial, passava em todas as provas com nota alta sem ter estudado, mas era retraída, fechada. Até que aos 12 anos entrou para o judô e a vida dela se abriu. Começou a sair, viajar, conheceu um monte de gente. Sempre intensa. Adolescente grau máximo, com os afetos típicos e exacerbados. Ela fazia sapateado e ficava em frente ao espelho, só de calcinha, sapateando:

— Cara, odeio a minha mãe. Sério, não dá! Que roupa era aquela que ela estava usando ontem no meu campeonato de judô?

Eu achava tão curioso. Porque tudo era muito engraçado: fala sério.

Paulinha tinha muitas amigas, enumerando-as exatamente como a Tati passaria a fazer:

— Vou eu, Helena, a Dumbo, a Teti, Titi, a Bi, a Su, a Ro e a Roberta Fragoso Pires de Melo.

Um redemoinho de gente, provas, festinhas e a mãe, sempre a mãe, como vítima ou algoz de tantas aflições. Paulinha à flor da pele, sentindo tudo e se sentindo um nada, nem criança, nem adulta. Não pude ficar imune.

Era um personagem pronto! Sentei e escrevi um texto inspirado em tudo que via e ouvia. Pouco antes da temporada nos Estados Unidos, levei um rascunho para o jantar de despedida, marcado com as meninas no Origami, o japonês da Gávea que a gente frequentava. E lá com a Ingrid Guimarães, Mônica Martelli e Alexandra Richter, depois de muita comilança e saquê, li o texto. Tati conquistou geral. Morremos de rir e no final todo mundo querendo saber: quando ela entra em cena?

Ainda levaria um tempo. Só pensaria de novo no assunto quando voltasse ao Brasil.

Tive muita sorte com meus enteados. Sempre. Tanto os dois irmãos de Luisa, filhos de Lug, quanto os de Antonia, a Tontom, os filhos de Mauro, Paulinho, Helena e Raquel — são mais que enteados, eles são meus "entefilhos". Sempre fui próxima deles e acumulo histórias maravilhosas. Ser madrasta não é o melhor lugar do mundo, por isso sou uma "boadrasta". E todos são meus grandes amigos.

Em um Dia das Mães, Mig fez um presente para mim e me entregou com um bilhete maravilhoso, que guardo até hoje, que começava assim: "Só não te odeio porque te amo." Ri muito. É uma confusão às vezes na cabeça da criança, mas o amor pode ser maior.

Um dia comprei duas bonequinhas de ouro para pendurar numa corrente, representando Tontom e Luisa. Logo em seguida achei que seria justo comprar mais dois bonequinhos, para representarem Paulinha e Miguel, que tinham sido meus primeiros filhos. Hummm... então não poderia deixar de comprar mais três, para incluir Paulinho, Helena e Raquel, que também ocupam um lugar cativo no meu coração. Resultado: fiquei com um chocalho no pescoço.

Voltamos ao Brasil quando Paulinha estava no auge da adolescência. Todo mundo já se encontrou dividido, exagerado, em sua fase adolescente. Eu compreendia todos os dramas, gostava de ouvi-los. Aquele personagem estava em mim. Tanto que, quando a Tati de fato surgiu, foi um abraço geral. Não tinha como não se identificar. A empatia vinha de qualquer maneira, por algum lugar, ou você era adolescente, tinha sido ou seria um dia. Não havia como escapar.

"Todo mundo pensa que você é genial porque inventou a Tati", costuma dizer a Ingrid, "mas ninguém sabe que a Tati é você."

É verdade; mesmo hoje, aos 57 anos, tenho um olhar adolescente para o mundo. Continuo intensa, milhões de amigos, projetos, a vida excitante demais. Gosto de estar nesse corre. Agora vivo a segunda adolescência, que é melhor que a primeira, porque a gente já sabe que não vai morrer de amor, já tem seu dinheiro, sua profissão, tem mais consciência da finitude e quer aproveitar cada segundo.

Continuei a trabalhar na *Escolinha* depois que Luisa nasceu, mas deixei de ser Dona Neném e virei a Dona Soledade. Ela era uma viúva hilária, sexy, que vestia sempre roxo, toda coberta. Soledade morria de saudade do seu marido, Genaro. Era a alegria dos "veio". Todos amavam aquela viuvinha, muito discreta quando estava com o véu sobre o rosto, mas se o levantava só falava atrocidades.

Na virada para o ano 2000, com uma mudança na programação, a *Escolinha* saiu do *Zorra Total*, no domingo à noite, migrando para o horário das cinco da tarde. Foi quando deu o estalo: e se a Tati entrasse em cena?

Apresentei a ideia para o Bruno Mazzeo que, apesar de ser 11 anos mais novo do que eu, sempre foi muito meu amigo, parceiraço, alguém em quem confio plenamente, um irmão. Ele adorou, já conhecia e amava a personagem, que eu fazia em apresentações improvisadas para os amigos. Eu havia sondado o Chico para a gente substituir a Dona Soledade, alegando que talvez fosse uma figura muito sexualizada para as tardes da TV, mas ele gostava da viúva... Até que num domingo, depois do almoço em família, resolvi voltar à carga.

Na mesa da sobremesa só restavam Chico, Bruno e eu.

— Quero mudar de personagem, Chico, não vai ser melhor, não?

— Não! — respondeu ele, aparentemente irredutível. — A viúva é maravilhosa.

Daí o Bruno, já mancomunado comigo, levantou a bola:

— Faz a personagem para o papai ver, Lolô!

Não tinha texto pronto, improvisei no formato da *Escolinha*:

— Você poderia perguntar para ela: "Dona Tati, quem foi Pedro Álvares Cabral?" E eu diria: "Foi um moleque que mandou muito bem! Fala sério, um moleque irado, cara, ele descobriu o Brasil..."

E ele decidiu na hora:

— É essa.

Chico topou sem titubear. E a gente saiu compondo o personagem para estrear no primeiro dia do novo horário. Com uma minissaia, mil coisas coloridinhas no cabelo, aquela voz engraçada, respondendo tudo certo, mas do jeito dela, Tati apareceu na *Escolinha*.

Bastou a primeira vez, como se diria hoje, e viralizou. No dia seguinte só falavam de Tati. Conquistou geral. Adultos, crianças, as pessoas viam *Escolinha* para ver a Tati. Da noite para o dia, todos os jornais começaram a me ligar para fazer matéria, todo mundo queria saber quem era aquela atriz.

Como Bruno disse, pela primeira vez os bordões da rua foram para televisão, porque geralmente nasciam na televisão e o povo repetia. Todo mundo começou a falar "tipo assim", "fala sério", "ninguém merece". Eu mesma estava chocada com o sucesso e ainda nem sabia que na próxima semana, quando o *Cócegas* estreasse, a minha história se transformaria definitivamente.

2001, UMA ODISSEIA NO ESPAÇO

Tati crescia na TV ao mesmo tempo que eu burilava o personagem no teatro. Um ano antes daquela explosão havia encontrado com a Ingrid Guimarães em algum trabalho e, sem imaginar, tivemos ali uma conversa decisiva. Lembrei que a Sura Berditchevsky me estimulara a montar uma peça só com os personagens que eu criava. Ingrid disse que estava pensando nisso também. A conversa aparentemente se encerrara naquela tarde, mas alguns dias depois meu telefone tocou. Era ela. E como abduzida por alguma iluminação do além, falou com muita segurança:

— Lolô, a oportunidade não bate na porta duas vezes. Vamos montar uma peça?

A frase tocou fundo no meu coração. Tive certeza de que a hora era aquela e, sem pensar um segundo, respondi:

— Vamos!

Daí até o *Cócegas* levamos exatamente um ano. Nossos amigos já conheciam vários de nossos personagens, criados de forma espontânea e sempre provocando gargalhadas nas apresentações que fazíamos informalmente. Mergulhamos na pesquisa, cada uma caçando o que de melhor havia imaginado até então.

Ingrid recentemente inventara a Leandra Borges, modelo e atriz cinematográfica de 17 anos que fazia todo mundo chorar de rir. Ela ainda tinha criado a pastora, e eu, a professora de ginástica, assim como Maricson. De brincadeira, certo dia fiz a Miss Mossoró, e Ingrid, solteiríssima na época, em um banheiro de boate ouviu a conversa entre duas mulheres — o que a inspirou para escrever as Cachorras, cujo final seria dado por Chico Anysio. Assim seguíamos nos inspirando em nossas vidas e transformando-as em texto, quando Ingrid lembrou com o maior entusiasmo:

— A adolescente tem que entrar!

Ensaiávamos em seu apartamento de 45 m², sem elevador nem garagem. E ríamos tanto, tanto, que Bianca Ramoneda, que morava no andar debaixo, um dia interfonou e perguntou:

— Gente, o que vocês estão tomando? Eu também quero.

Já indo embora, Ingrid falou:

— Tive uma ideia para o nome da peça. Cócegas.

Achei fantástico! Não poderia haver nada mais oportuno. Claro que antes de estrear ficamos nervosas, imaginando que a crítica poderia fazer piada do título:

— Só fazendo cócegas para rir.

Ingrid tinha acabado de cortar a Net para economizar nas despesas. Eu também manejava o pequeno orçamento entre a gasolina, o aluguel e a babá, mas, como minha amiga e parceira, estava disposta a investir tudo e mais um pouco em nosso projeto.

O último texto da peça foi o único que escrevemos juntas. Era a vida de duas atrizes na merda, ou seja: nós. Colocamos tudo que estava acontecendo com a gente naquele momento: separação, batida de carro, falta de dinheiro. Os figurinos dessa cena eram uma fantasia de pinto e outra de pinguim, como usados em um programa que Angélica fazia e do qual Mônica Martelli e Marcello Boshar haviam participado.

Paguei os quatrocentos reais a Clívia, nossa cenógrafa e aderecista, para confeccionar as fantasias. Ingrid se sentiu muito culpada, mas não podia ajudar; coloquei na conta de Deus e Ele me devolveu infinitamente mais, como faz sempre.

Durante o nosso longo período de ensaios, interrompido sempre que uma ou outra tinha algum trabalho extra para fazer, Ingrid foi chamada por Marcelo Faria, seu primo, para participar de uma montagem de *Romeu e Julieta* que ele produziria.

Ingrid me consultou. Fiquei com muita peninha, porque ela estava dura, na peça ganharia míseros 2%, mas para quem estava sem receber nada já seria alguma ajuda. Teria que interromper os ensaios de novo. Ficou na dúvida, não respondeu na hora, até que resolveu:

— Não vou fazer. Vou me dedicar à nossa peça, está decidido.

— Mas, Ingrid, nossa peça não tem dinheiro.

— Tudo bem, vamos fazer o nosso.

Ingrid foi conversar com Marcelo, que comentou:

— Tudo bem, prima! Você não sabe ganhar dinheiro mesmo, né?

Rimos muito disso até hoje. Foi parecido com o que Luciano Szafir me disse. Na época eu estava no elenco de *Boeing Boeing*, uma peça francesa de enorme sucesso. Fui convidada para fazer o papel da aeromoça alemã. A crítica falou bem de mim, o elenco era ótimo, divertido, ganhava um extra por mês que fazia a maior diferença e eu ficava muito feliz. Mas, para estrear em *Cócegas*, tive que sair. Luciano era o produtor. Ficou pensando quem colocaria no meu lugar. Decidiu não colocar ninguém, reuniu o elenco e na reunião anunciou:

— Lolô, decidimos não colocar ninguém no seu lugar. Vamos te esperar. — E para implicar comigo, perguntou: — Até quando vai esse fracasso?

Ainda hoje jogo isso na sua cara e morremos de rir. Na segunda semana de espetáculo a irmã de Luciano, Priscila, fechou o teatro para uma sessão especial para o filho. Mas a peça tinha muito palavrão. Quando vimos que nosso público era infantil, adaptamos rapidamente muita coisa. E desse evento é que decidimos escrever *Cosquinha*, outro sucesso.

Quando fomos assinar o contrato, a administradora do Teatro Candido Mendes colocou a mão em cima do papel e disse:

— Têm certeza de que vocês vão assinar? Isso aqui é uma caveira de burro.

Nós nos olhamos e pensamos: se for, vai ser só mais um fracasso e ele não vai nos subir à cabeça.

Já tínhamos planos para a peça. Ficaríamos dois meses em cartaz e então ofereceríamos o espetáculo para empresas em eventos especiais, congressos, feiras. Em abril de 2001 conseguimos vender a primeira apresentação para funcionários da Globo.

Foi um frisson. Do início ao fim. Convidamos cinco diretores diferentes: Sura Berditchevsky, Luiz Carlos Tourinho, Marcelo Saback, Aloisio de Abreu e Regis Faria, que é coincidentemente primo de Ingrid por parte de mãe e de Maurinho, por parte de pai. E quem seria o produtor? Dedé. Digo sempre que tivemos dois filhos, *Cócegas* e *Cosquinha*.

A equação de *Cócegas* foi abençoada. Sempre me lembro dessa lei matemática que mais com mais dá mais, mais com menos ou menos com mais dá menos, agora menos com menos dá mais. Esse foi o *Cócegas*! Estourou geral. Da série de ensaios abertos e espetáculos para empresas, funcionando como um esquenta para o público, estreamos oficialmente em 4 de maio de 2001, no Teatro Candido Mendes, em Ipanema. Em breve não comportava mais, fazíamos duas sessões por dia, todos os dias.

Foi uma febre, um fluxo gigante de adolescentes apaixonadas pela Tati, que assistiam à personagem na TV e daí corriam para vê-la no teatro também. Só que *Cócegas* era um desbunde, todo mundo ficou fascinado querendo ver, e assim formou-se um círculo virtuoso, o público crescia e ainda se multiplicava; dos palcos alternativos que rapidamente lotavam, em temporadas extras, fomos para grandes teatros pelo Brasil inteiro.

Saímos em todos os cadernos, não só culturais — até no de economia saímos, por causa do tamanho das filas, que viravam o quarteirão. A crítica que mais temíamos, da Barbara Heliodora, foi uma consagração. Pensávamos que só teríamos o espaço de uma tira interna, mas ganhamos a capa do Segundo Caderno, em *O Globo*, com o título: "Uma dupla do barulho." E a primeira palavra da crítica não podia ser melhor: "Alvíssaras!"

Quando poderíamos imaginar que, com aquela peça, ficaríamos 11 anos em cartaz? Um recorde de permanência que somou mais de 5 milhões de espectadores.

Aprendi a olhar e confiar naquilo que Deus me dá. Quando precisavam alimentar uma multidão, e só contavam com dois peixinhos e cinco pães, Jesus não reclamou, apenas rendeu graças. Ele mais que ninguém tinha certeza de que Deus sabe o que precisamos antes que peçamos.

Deus já me colocou em grandes lutas, e se Ele coloca na minha mão uma pedra, eu não foco na pedra, mas em quem colocou a pedra na minha mão.

SALTOS QUÂNTICOS

Depois daquela odisseia, minha vida nunca mais parou. Foi uma sucessão de trabalhos maravilhosos. Tati ganhou um quadro no *Fantástico*, eu e Ingrid fizemos juntas o programa *Sob Nova Direção*, que ficou três anos e meio no ar. Durante o *Sob Nova*, dirigido pelo Maurinho, engravidei pela segunda vez do anjo que Deus me deu de presente, Antonia, a quem chamamos de Tontom.

Trabalhei grávida de Tontom o tempo inteiro, como aconteceu com a Luisa. Para justificar a barriga em cena, engravidamos minha personagem, a Belinha. Chegamos a gravar um programa em que ela estava fazendo uma ultrassonografia, e assim Tontom foi mostrada para o Brasil todo. Ela já se tornou conhecida mesmo antes de nascer.

Tontom foi meu presente de 40 anos, idade que completei 15 dias depois de ela nascer. Não deve ter sido à toa que minhas filhas seguiram a carreira artística; as duas já nasceram trabalhando. E ainda fico imaginando que elas vieram com cílios enormes de tantos cílios postiços que usei quando estava grávida... Maluquice!

Continuávamos viajando o Brasil inteiro com *Cócegas*. Em 2009, fiz minha primeira novela, quando Ingrid e eu separamos nossos caminhos na televisão. Desde que entrei nesse mundo, não parei mais, fiz uma novela atrás da outra, todas com muito sucesso. As primeiras foram *Cama de Gato* e, na sequência, *Cordel Encantado*, ambas na faixa das seis e escritas por Duca Rachid e Telma Guedes, minhas madrinhas de novelas, como digo sempre. A primeira teve a supervisão de João Emanuel Carneiro, que me convidaria mais tarde para fazer Monalisa em *Avenida Brasil*, a novela que parou o país, ou melhor, parava o mundo por onde ela passasse.

Em 2011, por causa das gravações de *Avenida Brasil*, que iriam começar, decidi parar de fazer *Cócegas*. Era muito trabalho e também não conseguiria mais viajar aos finais de semana. Assim, no dia 4 de dezembro de 2011, em uma de nossas temporadas fora do Rio, fizemos nossa última apresentação na capital do Espírito Santo. Costumo dizer que, até ao encerrar carreira, *Cócegas* escolheu a cidade que traduziria sua trajetória: Vitória. Posso dizer que fiz dois ultra mega *powers* sucessos na minha vida, *Cócegas*, no teatro, e *Avenida Brasil*, na televisão.

Naquele mesmo ano, tive a honra também de interpretar Dercy em uma minissérie que, acredito, foi ela quem me escolheu para fazer. Outra história bizarra que também chegou do quarto de criação de Deus.

Estava no estúdio gravando *Cama de Gato* quando me veio à cabeça, assim, do nada, uma ideia: "minissérie sobre Dercy Gonçalves." Tum! Levei um susto, olhei para Joana Jabace, que na época era assistente de Amora Mautner, e disse:

— Jojô, vou fazer uma minissérie sobre Dercy.

Ela estava concentrada na cena que Amora dirigia, nem podia prestar muita atenção ao que eu tinha dito, mas comentou:

— Ah, legal, bom papel para você.

Falei com toda a certeza do mundo que eu faria aquele papel, quando na realidade não existia nada... ainda. Me lembrei de uma passagem bíblica que está no Evangelho de Marcos: "Vos digo que tudo que em oração pedirdes, crede que recebestes, e assim será convosco." Foi exatamente isso que senti. Falei a mesma frase para Amora, que achou legal, mas também não desenvolveu o assunto porque estava muito ocupada. Acabou a gravação, saí direto para a sala de Flávio Rocha, o responsável na época:

— Flávio, quero escrever uma minissérie.

— Lolô, minissérie é uma área concorrida aqui dentro, você sabe. Sobre o quê?

— Dercy Gonçalves.

Seus olhos brilharam. Na hora. Como se ele tivesse ouvido uma ordem de cima.

— Isso é bom, vamos ver se existe algum livro sobre ela.

Ele abriu o computador e achou uma biografia:

— Tem aqui, *Dercy de cabo a rabo*. Deixe-me ver o autor. — Ficou surpreso. — Maria Adelaide Amaral.

Adelaide tinha acabado de escrever *Dalva e Herivelto: uma canção de amor*, minissérie que alcançou sucesso retumbante com meus "musos" amados, Adriana Esteves e Fábio Assunção. Saí dali decidida a falar com ela, mesmo sem conhecê-la pessoalmente. Liguei para minha empresária, Cecília d'Antino, contei o que tinha acontecido e logo Cecília me colocou em contato com ela.

— Oi, Adelaide, aqui é Heloisa Périssé, tudo bom? Vi que você tem um livro sobre Dercy, eu gostaria de adaptar para uma minissérie.

— Oi, querida. Que ideia ótima, mas escrevi um texto para Fafy Siqueira... Ela vai montar no teatro, justamente baseado nesse livro, sobre Dercy. Se eu fizer na televisão, para uma outra atriz, talvez se crie uma situação delicada.

Percebi que Adelaide havia gostado da ideia, mas não ficara à vontade, e entendi perfeitamente. Amo Fafy de paixão, já a conhecia havia anos, trabalhamos juntas não só na *Escolinha*, mas também quando ela fez a trilha sonora de *TV Sátira*, minha primeira peça adulta, com direção do Chico Anysio.

— Entendo total, querida! Obrigada por me atender. Vou fazer uma peça em São Paulo, te ligarei para assistir!

Desliguei e não fiquei triste. Deus sabe o que faz. Nancy Wanderley, a mãe de Lug, que não era uma mulher religiosa, costumava dizer: "O que tem que ser tem muita força." É uma versão laica para a frase "Os planos de Deus não podem ser frustrados", que costumo dizer. Por algum motivo, sentia que os dados ainda estavam rolando.

Fui fazer peça em São Paulo e cumpri o que disse, liguei para Adelaide. Ela atendeu com o maior entusiasmo:

— Estava doida atrás de você. Eu decidi, vou escrever a minissérie sobre Dercy Gonçalves!

E assim foi. Que emoção. Um trabalho inesquecível, gravei na casa em que a própria Dercy morou em Santa Maria Madalena, região serrana do Rio de Janeiro. Jorginho Fernando dirigiu, e eu e Fafy dividimos o papel.

Não gravávamos ao mesmo tempo porque fiz a Dercy nova, Fafy entraria depois, nos encontrávamos muito pouco. Mas no dia do lançamento, tive certeza de que tudo aquilo estava escrito nas estrelas. Lembrei do título da crítica da minha primeira peça adulta, para a qual Fafy fizera a trilha: "Nasce uma nova Dercy." Eu, Fafy e Dercy, em algum lugar, de alguma forma, já estávamos juntas.

Trabalhei sem parar nos anos seguintes, até que em 2018 a Globo me deu uma trégua. No começo estranhei, mas como tempo, dinheiro e espaço são três coisas que não sobram, em um segundo preenchi meus dias com leituras, cursos, aulas.

Foi o período em que parei de tomar fluoxetina, que usava sistematicamente desde um ataque de pânico sério em 2012, durante as gravações de *Avenida Brasil*. Quando me dei conta, não dirigia mais. Procurei a dra. Ana Beatriz Barbosa e, de 2012 a 2018, tomei direto o medicamento, o que me fazia sentir dentro de uma bolha de amor. Era delicioso, mas sabia que não tomaria para sempre. Aproveitei aquele momento de mais descanso e comecei o desmame, até que parei completamente.

Passei a treinar muito, emagreci, fiquei maravilhosa. As pessoas me elogiavam o tempo todo e eu me sentia muito bem mesmo! Estava tudo mais que absolutamente certo. Até que um dia, no final de 2018, devia ser outubro, levantei-me para um xixi matinal rápido e passei pela janela do meu banheiro, de onde vejo enquadrado o morro Dois Irmãos. Era uma manhã de primavera lindíssima, leve, o colorido do dia começando a aparecer, quando do nada, olhando aquela paisagem, pensei: "Deu." Apenas isso. Não tive medo, não tive angústia, nada, ao contrário, senti uma deliciosa sensação de paz.

Ainda naquele ano faria uma participação em *A Vila*, programa em que Paulo Gustavo era protagonista. Pedi a ele para fazer parte do elenco e ele topou na hora. Gusti, como eu o chamava, tinha adoração pela dra. Yasmim, a personagem que eu havia feito lá atrás, na peça *Advocacia segundo os irmãos Marx*. Inspirados nela criamos Eleonora, que a partir do ano seguinte entraria como síndica para perturbar todo mundo.

Não existia melhor clima de trabalho. Paulo Gustavo era uma luz — ainda é, porque ele não vai apagar nunca. Ele tinha sido fã de *Cócegas* e quando o vi no teatro a primeira vez, fazendo dona Hermínia, numa pequena participação na peça *Surto*, me apaixonei por ele e logo ficamos amicíssimos.

Lembro de uma aventura que vivemos juntos, quando saímos dos estúdios da Globo, na Barra. Eu e Ingrid estávamos gravando o *Sob Nova Direção* e passei o dia vendo armas de plástico, já que naquele episódio meu personagem, Belinha, sofria um assalto no banco — em determinado momento, agradeci a Deus por nunca ter vivido uma situação daquela. Saímos os três no carro, deixamos Ingrid rapidamente no shopping e, quando voltávamos para buscá-la, um carro fechou a rua — era um assalto. Eu estava de cabeça baixa quando ele disse:

— Lolô, olha.

O carro que tinha atravessado a rua era tão velho que eu achei que estava quebrado, mas logo bandidos já estavam saindo dele com armas apontadas. Num ímpeto, sem pensar, engrenei uma primeira e fui com tudo, só pedindo que, caso um tiro me atingisse, que eu morresse logo. Gusti gritou:

— Não vai, não, Lolô, não vai, não!

— Abaixa, Gusti!

Ele abaixou e assim nós fugimos. Eu moro há anos no Rio e, graças a Deus, só passei por dois assaltos — o outro tinha sido o de uma pulseirinha de ouro, na rua, um furto rápido sem abordagem violenta. Gusti e eu passamos por essa experiência de quase morte juntos, mas graças a Deus os anjos do Senhor nos protegeram e não aconteceu nada.

Em janeiro de 2019, quando já estava gravando *A vila* com ele, esperávamos nossa vez de entrar quando comentei:

— Gusti, acho que vou morrer esse ano.

— Por quê?

— Não sei. Tô sentindo.

— Então você grava um vídeo para mim? Porque aí, se você morrer mesmo, eu vendo a gravação para o *Jornal Nacional* e fico mais rico ainda.

Concordei e realmente gravamos esse vídeo, sem saber que alguns meses depois eu estaria recebendo o meu diagnóstico.

O MONTE DA PROVISÃO

Um câncer raríssimo. E como reagir quando se recebe esse diagnóstico? Só a palavra e a fantasia sobre a doença podem disparar o medo, mas na hora em que recebi a notícia não me senti golpeada, não entrei em desespero. De imediato, perguntei a Cadu:

— Qual o próximo passo?

Há pouco menos de três meses eu havia procurado Carlos Eduardo Rothier, o Cadu, meu sobrinho e dentista, para fazer um clareamento dentário. Estava para estrear uma peça em São Paulo e marcamos a consulta, quando ele sugeriu:

— A gente aproveita e tira aquela bolinha.

Havia muito tempo uma estranha bolinha vivia em minha boca — devia ter uns oito anos, calculei, desde que a senti pela primeira vez, depois de alguma mordida ou passando a língua no local. Chegou a ser identificada como "mucocele", um entupimento da glândula salivar. Ao longo do tempo cresceu um pouco, mas ninguém parecia se espantar quando eu mostrava.

"Nada de mais", era o que eu ouvia seguidamente, depois da consulta com algum médico ou dentista. E foram muitos, até que Cadu tivesse decidido colher material para fazer um exame. Chamou a dra. Beatriz, que trabalhava com ele e retirou a bolinha com destreza. Assim que terminou o trabalho, veio conversar comigo:

— Um formato redondinho, parece tudo certo. Mas sabe como é, tudo que tiramos do corpo mandamos para biópsia. Pela forma da bolinha, relaxa, 99% de chance de não ser nada.

Só que os primeiros exames detectaram algo, e Cadu decidiu encaminhar o material para o Memorial Hospital de Nova York sem eu saber — e assim descobriu-se que era um câncer raríssimo.

Eu estava em uma reunião de trabalho em casa quando ele apareceu. Já haviam me avisado que Cadu viria, achei que minha sobrinha também estaria com ele, estranhei ao vê-lo sozinho. Já tinha até esquecido da bolinha, pensei que algo pudesse ter acontecido com minha mãe, ou minha irmã, mas ele me surpreendeu:

— Lembra a bolinha que a gente tirou? Pois então, você foi a premiada. A bolinha tinha 99% de ser benigna, 1% de não ser, e caiu nesse um... A boa notícia é que a chance de dar metástase é de 0,03%.

Achei que a palavra "premiada" não funcionava ali, mas aceitei porque entendi que ele estava nervoso, procurando a melhor forma de falar sobre um assunto delicado. Fui prática e perguntei o que devíamos fazer a partir de então.

O próximo passo seria centro cirúrgico.

Dias depois o dr. Ricardo Cruz faria a minha primeira cirurgia. Garantiu que ficaria atento para não raspar muito e com isso evitar qualquer assimetria no meu rosto. Pediu a presença de um citopatologista durante a intervenção, para ter a certeza de que não ficaria nenhuma célula maligna. E assim foi feito.

No dia 11 de junho de 2019 fui internada, permanecendo apenas uma manhã no hospital. Realizaram a raspagem e, segundo a avaliação da equipe, a região teria ficado livre depois do procedimento — e ali teria sido colocado o ponto final na história, como chegamos a imaginar.

No fim da temporada da peça em São Paulo, dia 30 de junho, acredito que o Espírito Santo tenha soprado no meu ouvido. Resolvi fazer um check-up geral.

Já havia pedido à minha amiga, dra. Claudia Cozer, para marcar todos os exames. Outra amiga desde a adolescência em Salvador, dra. Christiane Cobas, a Kitty, hoje também médica do hospital, me buscou no teatro e levou direto para lá. Eu estava em cartaz no teatro Raul Cortez, foi só atravessar a rua.

Decidi me internar na véspera, já que começaria meus exames cedo, fazendo colonoscopia. Na manhã seguinte, aguardava no quarto quando Claudia chegou. A preparação para o exame é complicada, e eu estava penando.

Para passar o tempo começamos a conversar, ela sentada no sofá, eu em pé, e não sei por que cargas d'água comecei a apalpar meu pescoço. De repente senti algo estranho e falei:

— Ih, Claudia, estou sentindo uma bolinha aqui.

Ela colocou a mão no local que eu havia mostrado. Fez uma pequena pausa e disse para a enfermeira:

— Suspende a colonoscopia e vamos fazer uma ressonância.

Fiquei meio chateada, estava em jejum, quase pronta para o exame. Foi muito difícil fazer a ressonância, acabei levando mais de duas horas. Tive que fazer em duas etapas, porque não conseguia ficar direto dentro da máquina — era muito tempo e comecei a ter uma enxaqueca horrível. Dra. Márcia Sundin ficou comigo me dando força, me ajudando a não desistir. Foi um dia intenso, outros exames e uma punção, até a volta para o Rio de noite. Pouco tempo depois o resultado saiu. Coisa séria.

Carcinoma metastático — caí na mais improvável das hipóteses, 0,03% de dar metástase. Não pude deixar de pensar: sou muito especial mesmo. Isso deve ser um sinal de que eu não vou passar por esse planeta sem fazer algo extraordinário.

Quando situações complexas se configuram na minha vida, já programo um lado oposto para aquele cenário, na mesma proporção, mas com a força feliz e contrária. Foi muito longe para um lado? Agora vai para o outro na forma boa.

Marquei de novo uma consulta com dr. Ricardo Cruz, com quem eu já tinha operado. Estava conversando sobre a segunda cirurgia que faríamos, quando percebi que ele falava olhando muito para o meu pescoço. Até que o próprio comentou:

— Você deve estar estranhando, mas é que sempre que eu vou fazer esse tipo de cirurgia costumo olhar bem para a pessoa, identificar se tem alguma linha no pescoço para eu cortar exatamente ali... Só que o seu pescoço é lisinho, não tem nenhuma linha, nem ruga ou cicatriz.

Cortar meu pescoço? Como assim? A outra cirurgia não teve nada disso! Será que daria para fazer uma microincisão e tirar apenas o carocinho? Cortezinho de nada. Não tinha a dimensão do que estava por acontecer, é bom quando somos ignorantes de vez em quando. Quando comentei com Claudia como seria a cirurgia aqui, ela me sugeriu:

— Então opere em São Paulo, que vai ser por robótica, com dr. Luiz Paulo Kowalski.

Conversei com dr. Ricardo Cruz, que também achou ser essa a melhor opção para mim. Claudia e meu amigo Alex Lerner acabaram decidindo tudo.

Marquei uma consulta sem ter a mínima ideia do que me esperava e fui sozinha. Peguei um carro de casa direto para o aeroporto, cheguei no Santos Dumont já direto para embarcar, saltei em São Paulo com outro carro me esperando e de lá segui para o consultório do dr. Kowalski, onde comecei a ter uma ideia do tamanho do barulho.

Conversamos durante umas três horas. Ele me explicou o que seria, que eu faria um esvaziamento de cervical etc. etc. Na verdade, eu não estava nem sabendo o que era cervical, só ouvindo e balançando a cabeça, mas a situação real, como diria minha avó, era de "burro olhando para palácio". Até que perguntei:

— Mas dr. Kowalski, eu saio no mesmo dia?

Nesse instante, ele entendeu que eu estava sem noção do que ia acontecer comigo. Fez uma pequena pausa e afirmou:

— Não, você vai estar com um dreno depois da cirurgia, vai ficar pelo menos uns cinco dias no hospital.

Cinco dias? Não pode ser! Da outra vez, eu fiquei metade de um dia, por que agora eu ficaria cinco? Alguma coisa não estava batendo.

Dr. Kowalski teve um câncer na glândula parótida e perdera parte do movimento da boca, mas como usava barba não era algo que se notasse logo. Ele começou a explicar em detalhes o procedimento, até concluir:

— Depois da cirurgia, pode ser que você perca algum movimento da boca.

Então percebi que ele tinha certa dificuldade para falar, ali minha ficha caiu e perguntei:

— Dr. Kowalski... — e comecei a imitá-lo sem pensar — eu vou ficar falando assim, igual ao senhor?

E ele muito consternado respondeu:

— Pode ser.

Foi quando comecei a chorar.

— Mas eu sou uma atriz, uma atriz! Como eu vou trabalhar com uma boca assim?

Tentando me acalmar, ele garantiu que faria tudo para preservar a região, e de fato o fez.

Muitos me perguntariam depois, quando contei do impacto ao ouvir o dr. Kowalski, por que não tinha chamado alguém para me acompanhar em consulta tão importante, às vésperas da cirurgia. Eu não tinha ideia do que eu ia ouvir! Valorizo imensamente a presença das amigas, da família e de todos que foram incríveis, absolutamente extraordinários ao longo do processo de cura — mas há situações em que gosto de estar sozinha com Deus, até prefiro, como se não gostasse de expor os que amo ao meu sofrimento. Quando a cobra fuma, é com Ele que me agarro, acho que é assim que tem que ser.

***

Não estava certa do que faria depois da cirurgia, se haveria alguma continuidade no tratamento. A princípio achei que era só a cirurgia mesmo, mas dias antes de ir para São Paulo conversei com Susana Garcia, uma grande amiga. Ela é médica e já tinha vivido situações semelhantes com familiares. No final da ligação, comentei:

— E nem vou fazer tratamento depois da cirurgia. Acabou, tô livre.

Desligamos. Nem um minuto depois, o celular toca de novo, era ela:

— Lolô, se Deus quiser, tomara que não seja preciso, mas, sem querer ser pessimista, considere a possibilidade de fazer um tratamento depois da cirurgia. Porque só depois dessa operação é que as coisas podem resolvidas. Assim, se não fizer nada, excelente, maravilhoso. Mas se for necessário, não terá sido pega de surpresa.

Foi a melhor coisa que ouvi, não fui pega de "calça arriada". Acharam melhor eu fazer não apenas a radio, como a quimioterapia, até porque um linfonodo estaria rompido. Com o risco de outros lugares serem atingidos pela corrente sanguínea, fiz as duas terapias. Um tiro de canhão em uma formiga, assim me falaram. Geralmente se faz uma depois outra, mas no meu caso prescreveu-se a dobradinha mesmo, para potencializarmos o efeito.

Mauro tinha perdido o pai no ano anterior e, depois da primeira raspagem, quando pensávamos que não seria necessária uma intervenção maior, me confessou ter ficado aliviado:

— Que bom, eu acho que não teria cabeça para viver tudo aquilo de novo, ver você fazendo cirurgia, quimioterapia, radioterapia...

Mal sabia ele. Quando vimos que havia um longo caminho de cura pela frente, chegou a propor: vamos entrar na tarja preta. Era uma opção bem pragmática, eu já havia tomado remédios controlados em situações anteriores de pânico ou depressão, nada contra, em absoluto. Mas me sentia forte, tinha vontade de passar tudo "de cara", presente no instante, eu não queria me perder de mim.

São Paulo, 25 de julho de 2019. Já estava com tudo pronto para me operar no fim do dia, quando meu celular toca no quarto do hospital onde estava conversando com Claudia. Era Clarissa Mathias, uma das minhas amigas gênias da escola, hoje uma grande oncologista. Ela acompanhou tudo. Sabendo que eu faria um esvaziamento de cervical, como se tivesse ouvido o Espírito sussurrar algo, perguntou:

— Vai ter algum cirurgião plástico na hora de sua cirurgia?

— Não sei. Claudia, vai ter algum cirurgião plástico na operação?

— Boa lembrança! Vou ligar agora para o dr. Herrmann.

E assim foi! Claudia convocou o dr. Antônio Carlos Herrmann aos 47 minutos do segundo tempo. Como nunca havia me visto de perto, ele pediu que eu lhe enviasse fotos do meu rosto. Logo em seguida Maurinho me fotografou em vários ângulos, enquanto minha amiga Monique Gardenberg iluminava a cena com a lanterna do celular. Dr. Herrmann estudou as imagens e fez um trabalho impecável. Hoje, quem não sabe do episódio nem percebe que houve algum enxerto. Ele ainda foi maravilhoso ao perguntar:

— Tiro a gordura de onde, você acha?

— Querido, fica à vontade, escolhe! — respondi brincando. — Ah, tira então da minha barriga!

O que poderia ter acontecido se Clarissa não ligasse? Teria feito o esvaziamento e, sem o enxerto, poderia acordar com aquele pescoço encaveirado. Mais uma vez, o Espírito Santo soprou a mensagem certa na hora certa.

Eu renasci. Foram nove horas de cirurgia, que começaria às dez da noite e iria até quase de manhã. Durante a operação foram retirados trinta linfonodos, quatro que já estariam comprometidos, para em seguida ser feita a cirurgia plástica, também longa e

Mesmo um fato perturbador, como um câncer, pode trazer muita coisa boa, como a união dos amigos e da família. É um momento em que todos começam a vibrar o melhor para você. Até hoje, pessoas que não me conheciam pessoalmente me param na rua e dizem: "Orei muito por você", e eu fico mais grata ainda.

delicada, que não deixou cicatriz alguma no pescoço, apenas uma pequena atrás da minha orelha. Foi tudo perfeito: não há melhor palavra para definir o que ocorreu durante o processo.

Quando acordei, estava na UTI, depois de muitas horas de cirurgia é assim que se procede. Tive vontade de fazer xixi e avisei à enfermeira. Ela disse que traria a comadre, respondi que não precisava. Então ela buscaria a cadeira de rodas, que recusei também. Estava com o dreno. A enfermeira ficou meio preocupada, afinal eu estava deitada há muito tempo.

Sentei-me primeiro. Ela ficou do meu lado, apoiei meus pés no chão e, como se estivesse fazendo um agachamento de funcional, empurrei meu corpo para cima pelo calcanhar. Lembrei do tempo em que fiquei apenas me dedicando a mim, com aulas de ginástica todos os dias, como se Deus estivesse me preparando mesmo, fortificando meu corpo e meu espírito para passar por tudo aquilo. E veio uma voz no meu coração: vê como seu corpo é forte?

Eu me levantei e fui até o banheiro. Fiquei feliz por conseguir. Ajudou muito nesse período dar sentido a tudo. Foi providencial. Comecei a contar histórias para mim mesma:

— Já contei história para muita gente, agora vou contar pra mim.

Ao sair do CTI e seguir para a unidade de tratamento semi-intensivo, outra surpresa. Logo que acordei, abri meu olho e vi um rosto lindo na minha frente, com olhos azuis imensos, parecia um anjo. Pensei: morri. Cheguei no céu, só pode.

Era Monica Bretas.

— Sou a sua fonoaudióloga — apresentou-se ela.

Meu Deus, para quê? Devo ter feito alguma coisa para ter chateado feio o Senhor! Eu continuava sem entender o que se passava. Precisava colocar uma pessoa tão linda para me atender logo agora, que estou tão acabada? Mas logo Monica esclareceu:

— Sei direitinho o que você está passando, eu já tive paralisia facial.

Ah, entendi! Deus tinha me colocado diante daquela mulher para mostrar como eu ficaria depois que saísse dessa! Para eu ver como ficaria bem. Para ter certeza de que as coisas acontecem, mas passam, e depois tudo pode ser melhor ainda.

Voltei para o Rio dias depois da cirurgia — a ideia era começar as sessões de quimio e radioterapia dali a um mês. Enquanto isso, tratei de orar e meditar muito, além de festejar também. Estava perto do meu aniversário, 19 de agosto, então fiz duas festas, uma no Rio e outra em São Paulo. O que era necessário para a cura estava sendo feito, é importante a gente confiar no processo, nos médicos, no que foi prescrito, e seguir à risca o que nos orientam.

Acabei decidindo fazer o tratamento em São Paulo. Algumas pessoas estranharam: "Mas longe da sua casa, da sua família?" Exatamente. Não queria sair das sessões de radio e quimioterapia e voltar para dormir na minha cama. Também seria bom estar à vontade para passar mal, chorar, e junto ao marido e filhas precisaria segurar a onda. Se eu descompensasse, eles poderiam ficar abaladíssimos, e se eu os visse assim, ficaria mais descompensada ainda, ou seja: resolvi ficar longe.

E quando acabasse o tratamento, esperava sair de onde estivesse sem olhar para trás, bater a porta e com ousadia deixar o passado no passado. Fechar a tampa. Acabou, ficou para trás para sempre, dali em diante virá o começo de uma outra história.

Um mês depois da cirurgia, exatamente, eu chegaria ao hotel George V, nos Jardins, em São Paulo, onde ficaria hospedada até terminar tudo. O tratamento foi animado, isso não dá para negar. Nem eu esperava que fosse tanto. Na verdade, não consegui nem controlar minhas amigas e só fui entendendo aquela intensidade toda ao longo do processo. Clarinha Gueiros organizou uma agenda! Vinham amigas do Rio, Salvador ou São Paulo e se revezavam para me acompanhar nas sessões.

Fiquei brincando, chamando-as de "As Enfermeiras". A primeira foi Juliana Cintra, depois Julieta Queiroz, Mariana Marinho, Tid, Marcinha Martins, Ana Madalena, Luciana Fregolente, Lívia, minha irmã Cri, e na quinta semana, que acabou sendo a última da quimioterapia, Lu Duque e Renata Chuquer. Essas foram as que pernoitaram no hospital, além dos amigos que apareceram para visitar, que não foram poucos. Toda hora, o tempo inteiro. Tanto entra e sai que no hotel deviam pensar que eu não estava em tratamento de câncer, mas organizando surubas.

Foram cinco sessões de quimioterapia e 33 diárias de radioterapia. Comecei animadíssima. Logo depois do primeiro dia da quimio, corri quarenta minutos na esteira da academia do hotel e ainda emendei com uma hora de musculação. Claro que não consegui manter esse ritmo. O dr. Gilberto Castro, oncologista do hospital, ficou surpreso com a performance, mas pediu para não abusar.

Depois da radioterapia seguia direto para o dentista para aplicar flúor, como recomendado. Sou uma excelente paciente e estava disposta a concluir o processo com louvor. Procurava também preencher os dias com o que pudesse me animar, ia ao cinema, ficava vendo série na TV, devorei quantidades industriais de balas de leite da Kopenhagen. Tomava todos os remédios indicados depois da quimioterapia para não enjoar. E aí ficava mais acelerada do que nunca.

Como na noite em que Claudia Raia foi me ver com Jarbas Homem de Mello. Apareceram tipo uma da manhã, eu não tinha hora para nada. Aliás, ela foi de um carinho extraordinário, me visitava sempre no hospital, uma generosidade absoluta. Naquela madrugada, os dois sentaram-se e começamos a falar — eu, na verdade. Como tivera uma sessão de quimio durante o dia, precisei tomar vários remédios, inclusive o Decadron, corticoide que me deixava ligadíssima. Conversa vai, conversa vem, engatei:

— Eu amo escrever. E eu escrevo muito bem. E sou rápida. Os meus diálogos são excelentes, as pessoas amam. Olha que faço comédia, que é mais difícil ainda, e com maestria. Eu sou realmente boa...

Eles calados, só ouvindo, aparentemente sem entender como eu não parava de me elogiar. Claudia me confessaria depois que chegou a pensar: "É uma leonina, eu quero uma autoestima assim." Ela também me diria por que Jarbas não se impressionava — também era do signo de Leão, estava acostumado com autoelogios. Até que me dei conta da egotrip em andamento:

— Caraca, tô me elogiando muito, né?

E a Claudia respondeu na hora, antes de cairmos na risada:

— Pô, ainda bem que você mesma comentou, eu estava aqui pensando: "Caramba, o que essa quimio tem para deixar a pessoa assim? Acho que vou querer um pouco também."

Depois da segunda semana, admito, descompensei. Além das sessões de radio, diariamente também fazia fonoterapia com a Monica Bretas. Vinha me esforçando nos exercícios, mas em uma tarde não consegui. E na manhã seguinte, também não. Me sentia cansada, irritada, fraca. Com aquela boca torta. Estava sentada com a Monica e a Julieta e me levantei num rompante:

— Eu quero a minha vida! Eu quero a minha vida de volta! Eu não aguento mais!

Falei isso aos berros, dentro da sala, sem me preocupar se alguém estava ou não ouvindo. As duas ficaram quietas, atentas, cuidadosas — e não falaram nada. Acredito que naquele instante percebi a enormidade do que eu tinha passado e do que ainda precisava ser feito, me senti esgotada:

— Pera aí, pera aí, não tem essa leveza, não! É chato pra cacete! O que é que aconteceu com a minha vida?

Naquele final de semana eu iria para o Rio com a Kitty, meu anjo da guarda. Logo antes de sair falei que não queria viajar, que estava com ódio, mas mesmo assim fomos para Congonhas. Estava num mau humor explosivo. Kitty calada, calma. Eu ia andando pelo aeroporto xingando, muito puta da vida. Andando e dizendo que não ia. Até que Kitty parou e disse:

— Se você quiser, a gente não vai. Quer ficar?

Parei uns instantes, mas decidi ir, sim — e foi a melhor coisa que fiz. No Rio, encontrei todo mundo. Abracei minhas filhas, cachorros, marido, não necessariamente nessa ordem, Lucinho Mauro e

Cíntia Oliveira vieram me visitar e trouxeram Liz, que ainda era muito neném. Nada como um bebê para te encher de vida.

Veio toda minha família. Minha grande amiga Cris Lara, que eu não vira ainda, Neni, a "bavó" (babá + avó) das meninas me mimando de tudo que é jeito. Ri muito. Estava fazendo um sol lindo, aquele abraço de afeto com a vista do Dois Irmãos, as plantas da minha casa que eu amo e me amam — tudo aquilo me trouxe para o eixo de novo. Quando estava voltando domingo para São Paulo, comentei com o Maurinho ao me despedir:

— A partir de hoje eu só melhoro.

Ele gelou. Previa que não era exatamente o que deveria acontecer, quando entrasse em mais uma semana recebendo medicamentos fortíssimos na veia ou aplicações radioativas diárias. Fadiga, febre, vômitos, tudo isso podia acontecer. Era o previsto. Já haviam reservado um quarto no hospital caso eu precisasse me internar, sem me dizerem nada.

E foi como Deus quis. A partir dali eu só melhorei. Minhas taxas só mudavam positivamente. As pessoas ficavam impressionadas, comentavam que não podiam me dar de exemplo para ninguém.

A segunda semana havia sido de fato meu ponto crítico. Conversando com minha amiga Bia Aydar sobre o período, ela concordou:

— É assim mesmo, Lolô.

Botei na cabeça que a partir daquela
semana meu corpo já estaria mais
acostumado com a química da terapia,
estaria aceitando todo o processo
e reagindo bem a ele. Meu corpo é
muito parceiro, meu corpo é muito
maravilhoso — era o que repetia
sem parar, convicta de que a palavra
tinha poder.

— Como se meu corpo tivesse agora entendido o que está passando e nada mais vai ser um choque.

— A partir de agora você só vai melhorar.

— É exatamente o que eu sinto, Bia.

Não sei se ela falou apenas para me ajudar, mas deu certo. A partir da terceira semana comecei a perder o paladar, mas não me abalei, continuei comendo. Eu já tinha aprendido a comer com a memória. Sabia que precisava me alimentar, então contava histórias para me lembrar do gosto das coisas, conseguia estimular um pouquinho meu apetite e assim o tempo ia passando.

Algumas vezes, não muitas, acordava de mau humor. Como ao entrar na quinta semana. Acordei especialmente irritada, cansada, e disparei logo para Lívia, minha amiga de infância de Salvador:

— Hoje eu não vou fazer tratamento nenhum.

Mas Lívia foi taxativa:

— Você já sabe que não pode faltar, se não volta lá para primeira casa do tabuleiro.

Fui para o hospital totalmente descabelada, desarrumada. Ficava com ódio quando alguém dizia:

— Tá passando rápido, né?

Rápido para quem, cacete? Porque para mim não é!, eu pensava. Cheguei no hospital muito furiosa e logo falei para a enfermeira:

— Hoje eu não estou me sentindo bem.

— Foi a radio ou a quimio?

— Não sei, não deixou um bilhete!

Ela riu, mas entendeu que eu não estava querendo conversar naquele dia. Fomos para a radioterapia. Já deitada na maca e confessei:

— Hoje está difícil para mim, Deus, tá pesado. Então quero comigo aqui ninguém mais ninguém menos que Jesus. Hoje eu quero só Ele.

No mesmo instante senti uma mão grande sobre a minha barriga, então a abracei com a minha. Fiz toda a sessão concentrada nessa posição e realmente fiquei mais calma. Quando a enfermeira tirou a máscara e pude descer, lembrei que era uma quarta-feira, dia da minha última radioterapia. Que alegria! Deitei-me na maca, fiz, pronto, tudo acabado. Cheguei ao pódio, liguei os pontos.

Entendi por que me sentira tão mal naquele dia, e Jesus veio, ficou comigo. Era a data prevista para minha última sessão. Ele queria me dizer que, quando eu acabasse o tratamento, numa quarta-feira, estaria indo embora comigo. Por isso naquele dia Ele foi lá e me deu a mão.

Havia a previsão de se fazer uma sexta sessão de quimioterapia, mas depois de todos os resultados obtidos, o dr. Gilberto Castro me disse, muito satisfeito, que poderíamos concluir o tratamento:

— Cheguei aonde eu queria.

Hoje vejo como tudo aconteceu da melhor forma. Aprendi que não somos nada e por isso só Deus pode dizer: "Eu sou o que sou." Nós estamos.

O monte da provação
é o monte da provisão.

"E chamou Abraão o nome
daquele lugar o Senhor proverá;
donde se diz até o dia de hoje:
No monte do Senhor se proverá."

Gênesis 22:14

Nós *estamos* alguma coisa nesse mundo de Maya, que é o mundo da ilusão, como diz o hinduísmo. Estamos agora e daqui a um segundo poderemos não estar mais. Nós e qualquer um que amamos.

Temos a ilusão do controle, mas o controle é uma mentira e daí vem o sofrimento. Deus já havia me colocado em vários enfrentamentos gigantes, e eu conseguira superá-los. É assim que acontece. Quando nos entregamos sem revolta, abrimos espaço para essa conexão com o divino, a força nasce dentro de nós.

VIVENDO O PARADOXO

Nosso mundo é embaralhado muitas vezes. A vida inteira, de várias maneiras. Todos os dias temos motivos para chorar, mas também para rir. Morrer é a única certeza que temos na vida, mas não há quem se acostume. Não existe a hora certa de perdermos alguém que amamos. Nosso desejo é sempre conseguir postergar a morte.

Não gostava muito quando me diziam: "Você é uma guerreira." Embora um dos significados do nome Heloisa seja "guerreira famosa", ou "aquela que luta", não sou nem fui uma guerreira. Me incomoda quando insistem que fui forte, lutei — e por isso saí daquela. Então só quem luta é que sai, se não saiu foi porque não lutou o suficiente? Nada disso, apenas não era minha hora.

Nunca faltarão motivos para vermos a falta. Sempre haverá alguém que não tem alguma coisa, mas essa é a aventura, um exercício espiritual para nos situarmos de forma mais bela no universo.

Graça. Substantivo feminino oriundo do termo em latim *gratia*, que significa benevolência, estima ou um favor que se dispensa ou recebe. No cristianismo, é o dom gratuito de Deus ao homem em um encontro transformador. Qualidade do que é engraçado, comicidade, sinônimo de piada, pureza. Graça também é o contrário da deselegância.

Conta muito o exercício de nunca se colocar no lugar de vítima, e a conexão inabalável com quem pode estar nos olhando lá de cima.

Foi essencial manter o meu pensamento forte, positivo, me conectar com o melhor. Esse é o caminho, é o que está a nosso alcance, o objetivo a Deus pertence. Aprendi na vida a fazer o meu, o que me resta, e antes de tudo buscar o Reino de Deus, porque assim as outras coisas que têm que vir são acrescentadas.

Buscar o reino de Deus tem muito a ver com buscar um estado de espírito. Que me perdoem os céticos, os que curtem a melancolia, mas a alegria é fundamental. Energiza. Mantenho na minha cabeça sempre que Deus sabe do que eu preciso, antes que eu peça.

Todos os dias procuro ler o sermão da montanha, onde estão os ensinamentos que mais quero vivos no meu coração. Para o líder indiano Mahatma Ghandi (1889-1948), ativista e advogado cultíssimo, "se todos os livros sacros fossem perdidos, e só se salvasse o sermão da montanha, nada estaria perdido".

Sou uma pessoa muito religiosa, mas não tenho mais religião. Não frequento mais uma igreja, não me denomino evangélica, católica, espírita, muçulmana, umbandista, nada. Se tiver que dar um nome ao que sou, direi: cristã. Na verdade, é o que pretendo. Porque ninguém é cristão, almejamos ser — o sarrafo de ser cristão é bem lá em cima. Quem leva um tapa na face direita e oferece a esquerda? A quem é pedido a capa que oferecerá também a túnica? Quem ama seus inimigos? Deseja bem a quem o odeia? Ainda não conheci ninguém capaz de agir assim, além de Jesus, por isso penso que ser cristão, para humanos tão limitados como nós, é uma utopia.

Meu coração eu coloco nesse desejo — tendo Jesus como meu representante, meu advogado, e totalmente consciente do quanto sou, somos, necessitados de sua graça.

Me considero religiosa pelo lado do *religare* e não do dogma. E vejo aí uma diferença enorme.

Nada contra quem quer frequentar igreja. Muitas pessoas me escrevem dizendo: "Mas isso está na Bíblia, o congregar com os irmãos." Eu sei disso. O que não quero é a obrigação de ir, porque igreja para mim não é um banco em que me sento aos domingos e de onde ouço alguém falar. Igreja é o meu dia a dia. Não adianta eu me sentar aos domingos nesse banco e na segunda-feira não tirar o escorpião do bolso para ajudar alguém que precisa. Não ter solidariedade com os outros, ser soberba, julgar. Prefiro manter minha igreja bem limpinha e viva no meu coração, e quando sinto vontade de congregar, eu vou.

Fiz na minha casa uma igreja. Acredito que tenha sido um pedido do Senhor mesmo. Era um lugar onde imaginei fazer um cinema, mas cheguei à conclusão de que não precisava de um; havia um quarto com espaço livre que transformamos em um lugar gostoso para a família assistir filmes no telão. O espaço onde faria o cinema ficou vazio.

Fazendo a minha devocional, me dei conta. Concordo com Lutero, o monge alemão do século XVI: "Eu oro muito, porque tenho muito o que fazer." E assim orava no meu quarto, no jardim, na sala. Um dia estava na sala, e depois da oração levantei a cabeça e meus olhos se fixaram no piano. Senti a voz no coração:

— Na sua casa você tem uma sala para o piano e não tem para o Senhor.

Me veio à cabeça o lugar onde iria fazer o cinema e não fiz. Sim, Ele o havia guardado para o Ceuzinho, um espaço mágico, um portal onde me comunico e recebo mensagens. Ligado direto ao quarto de criação de Deus. As pessoas sensíveis, quando entram lá, se arrepiam na hora.

Quando o arquiteto Tiago Freire fez o projeto desse cômodo, desenhou um teto todo de vidro, mas eu já pensava em usar fibra ótica, com um efeito de estrelinhas. Ele mudou a meu pedido, mas deixou um pedaço com vidro, para vermos o céu. Fazia sentido, afinal era o Ceuzinho. Um dia, durante a oração, ouvi:

— Sabe por que deixei um pedaço do teto assim? Para que você nunca se esqueça de que todos têm telhado de vidro.

Algo que Ele quer que não esqueçamos nunca, por isso não julgar. E não julgar é ter fé. Fé que tudo está sendo visto pelo grande observador, que uma folha não cai sem a sua autorização e tudo coopera para o bem daqueles que amam a Deus.

Amar a Deus, para mim, é entrar no fluxo da vida. Sei que não vou salvar o mundo — como cristã estou certa de que Cristo já fez isso —, mas faço tudo para resolver o que cai na minha mão. Às vezes sofro pensando nas maldades do mundo, então oro e trago para a minha memória o que me traz esperança. E lembro que Ele está vendo.

Passei por um período sofrendo perdas importantes nos arquétipos masculinos da minha vida. Começou com Bernardo Jablonski, em outubro de 2011. Em março de 2012 perdi, ou melhor, o Brasil perdeu, Chico Anysio. E meu pai foi na sequência, em maio de 2012.

Em apenas oito meses, os três.

Sofri muito com a partida deles. Luisa, minha filha mais velha, perdeu os dois avôs no espaço de dois meses. Uma fase em que fomos tanto ao cemitério que a Tontom, que era pequenina na época, com apenas 5 aninhos, um dia acordou e perguntou tranquilamente:

— Nós não temos nenhum enterro hoje?

Me lembro exatamente de quando vi o caixão do meu pai se movendo rumo à cremação, e pensei: fica mais um pouco. Como se ele estivesse saindo cedo da festa. Foi o que aconteceu, e na verdade me ajudou muito a segurar a onda em relação a meu pai. Morte para ele não era morrer, mas envelhecer com pouca saúde. Jamais gostaria de perder a autonomia, depender. Fico feliz que tenha ido na hora certa. Acredito que ele "autorizou" a própria partida.

O primeiro sinal foi num domingo de Páscoa, quando tentou sair do carro e suas pernas não firmaram. Tivemos que ajudá-lo. Ainda brincamos:

— Eita, tá bêbado!

Ele riu, mas ali se incomodou real. Já vinha se despedindo. Não sentia mais aquele ânimo para a vida que sempre teve. E ficava furioso quando tentávamos dar limites a ele como, por exemplo, quando queria atravessar a rua com o sinal verde. Papai não aguentaria correr, se viesse um carro poderia ser atropelado, mas queria provar sua agilidade, sua autonomia, o tempo inteiro. Aquele homem alegre estava murchando.

No dia seguinte ao incidente do carro, minha mãe pediu para que passasse um e-mail, mas logo que ele se levantou, caiu. Com o rosto no chão. Não sabemos se tropeçou no tapete, ou se sua perna bambeou, fazendo ele cair. Ao longo do dia começou a ter comportamentos estranhos, minha irmã o levou ao médico e descobrimos que havia se formado um coágulo em sua cabeça. O médico pediu para reunir os filhos e nos explicou:

— Podemos operá-lo, mas ele está com a saúde debilitada... pode ser que ele melhore, ou não volte da operação. Ou optamos por deixar o coágulo e ir monitorando, para ver o que acontece. Se deixarmos, pode crescer também e ser bem pior.

Não havia muita dúvida. Em outras palavras, os médicos de alguma forma nos disseram: se correr o bicho pega, se ficar o bicho come. E realmente ele operou, mas não conseguiu se recuperar e ainda passou um mês desacordado na UTI.

Papai ainda foi muito chique e cavalheiro na sua partida. O aniversário de mamãe caiu num sábado, dia 12 de maio, no domingo foi Dia das Mães — o aniversário dela costuma cair perto ou no próprio domingo das mães. Daí ele deu a segunda-feira para respirarmos e na terça, uma da manhã, meu pai se foi.

Consegui antes ir até a UTI e ler para ele alguns salmos, incluindo o 23: "Mesmo que eu ande pelo vale da sombra da morte, não temerei mal algum, sua vara e seu cajado me consolam." Consegui fazer o mesmo com Chico.

Depois, em 2018, no mesmo dia 15 de maio, meu sogro Roberto Farias estaria partindo também. Uma grande perda para o Brasil e para todos nós. Roberto era uma luz, um visionário, um homem alegre e cheio de vida.

A tristeza maior é saber que não veremos mais essas pessoas, pelo menos por agora. Eu gostaria de ter pelo menos cinco minutos por dia com cada um. Iria aproveitar para conversar e tirar muitas dúvidas com meu pai, que sempre foi um homem cultíssimo, um devorador de livros, e por muito tempo não tive maturidade para entendê-lo.

Não tenho medo da morte, o que não tem remédio remediado está. Esse caminho é inexorável, só peço a Deus uma boa hora para mim e para todos que amo. Que possa ser tranquilo, que possa ser sem medo. Morrer deve ser como uma descida de uma montanha-russa. À medida que o carrinho vai subindo, vai dando um frio na barriga, de repente ele vai com tudo e nós devemos rir, e sentir uma liberdade deliciosa. Sempre penso isso.

A verdade é que experimentamos a morte várias vezes durante a vida. Tenho essa percepção muito aguçada quando vou estrear uma peça. Comparo a morte com uma entrada em cena.

Durante todo o processo estou cercada de gente, minha produtora, diretor, cenógrafo, diretor musical, figurinista, iluminador, sonoplasta, todos ali em volta, o tempo todo. Daqui a pouco você já aprovou o cenário, o figurino está pronto, a luz também, a trilha sonora. E chega o dia da estreia.

Depois de tudo testado, cada um começa a ir para seu lugar. O figurinista vai embora, o iluminador segue para seu posto, assim como o sonoplasta para fazer o som, tudo que o diretor podia ter feito já está combinado com você, ele vai embora também. A última a sair de perto é sua produtora, agora é contigo, tchau.

E você fica ali, naquela coxia escura, ouvindo as pessoas entrarem na plateia. Todos já fizeram tudo que podiam, agora é você. Não tem outro jeito. Não tem como correr, há muitas pessoas ali te esperando. Foguete não dá ré. Você vai ter que entrar. Começa a ouvir os sinais.

Toca o primeiro — dá tempo de correr. Segundo sinal, não dá, não alimenta essa ideia, porque você sabe que não tem como correr. Nessa hora, sempre pergunto: para que eu faço isso comigo? Por que eu invento de fazer essas coisas, porra? Podia estar quieta na minha casa e agora estou aqui, tremendo mais que vara verde, com meu estômago dando nó, por quê?

E aí dá o terceiro sinal. Nesse momento é o breu total. Aí, sim, fica tudo escuro e eu ali atrás, sozinha, já era, corredor da morte. Então vou andando, porque daqui a pouco a cortina abre. Na medida em que caminho no escuro e a cortina vai abrindo, o que era breu começa a clarear, e vejo a luz surgindo cada vez mais forte — como dizem que acontece quando a gente morre, e também quando nasce, daí a sensação de experimentar o paradoxo.

Ali estou morrendo e nascendo, ciclos que se unem ao mesmo tempo. E já com a cortina aberta, palco totalmente iluminado, sem medo algum, segura, eu realizo o que me trouxe até ali: a peça.

Se tivesse que traduzir esse sentimento em um poema, seria aquele famoso de Khalil Gibran, "O rio e o oceano", do qual cito um trecho a seguir:

"Dizem que antes de um rio entrar
no mar, ele treme de medo.

Mas não há outra maneira.
O rio não pode voltar. Ninguém
pode voltar. Voltar é impossível na
existência. O rio precisa se arriscar
e entrar no oceano.

Somente ao entrar no oceano o
medo irá desaparecer, porque apenas
então o rio saberá que não se trata
de desaparecer no oceano, mas de
tornar-se oceano."

Cada vez que se aproxima mais o tempo de eu me despedir dessa dimensão, reforço o desejo de consciência de saber que as coisas aqui têm um propósito, e quem vai nortear esse propósito é Deus, o grande observador. Essa conexão redimensiona tudo para mim.

Viemos do amor. Deus nos amou primeiro, e quer que nós voltemos às primeiras práticas e aceitemos que viemos desse amor. Esse é o nosso verdadeiro lugar. Quando chegamos ali, é um descortinar, como a retirada de um véu que embaralha nossa visão.

Esse amor é que eu quero que chegue a todos os lugares, às pessoas que estão aprisionadas, como diz Platão no Mito da Caverna. Pessoas que só conhecem as sombras e acreditam numa realidade limitada, distorcida, encarceradas na pior das prisões, nas suas mentes. No dia que tomarmos posse e habitarmos esse lugar de amor seremos finalmente livres, nada nos ameaçará mais. Saberemos que a divisão é uma ilusão criada pela mente e que somos, em Deus, apenas um só.

AGRADECIMENTOS

Agradeço a Deus, à minha família, marido, filhas, *entefilhos*, à minha família de origem, a todos os amigos que ficaram comigo, longe ou perto, a todas as pessoas que, mesmo sem me conhecer, oraram por mim.

Este livro foi composto na tipografia
Latienne Pro, em corpo 11,5/16,15, e impresso
em papel off-white no Sistema Cameron da
Divisão Gráfica da Distribuidora Record.